有话好好说

杨继刚
邹国琴 著
解　莉

实现职场有效沟通的20个工具方法论

浙江工商大学出版社
ZHEJIANG GONGSHANG UNIVERSITY PRESS

·杭州·

图书在版编目（CIP）数据

有话好好说：实现职场有效沟通的 20 个工具方法论 /
杨继刚，邹国琴，解莉著 . —杭州：浙江工商大学出版
社，2019.12

　ISBN 978-7-5178-3438-0

　Ⅰ . ①有… Ⅱ . ①杨… ②邹… ③解… Ⅲ . ①心理交
往—语言艺术—通俗读物 Ⅳ . ① C912.13-49

　中国版本图书馆 CIP 数据核字（2019）第 191833 号

有话好好说：实现职场有效沟通的 20 个工具方法论
YOUHUA HAOHAOSHUO:
SHIXIAN ZHICHANG YOUXIAO GOUTONG DE ERSHIGE GONGJU FANGFALUN
杨继刚　邹国琴　解　莉　著

责任编辑　唐　红　谭娟娟
封面设计　零创意文化
责任印刷　包建辉
出版发行　浙江工商大学出版社
　　　　　（杭州市教工路 198 号　邮政编码 310012）
　　　　　（E-mail：zjgsupress@163.com）
　　　　　（网址：http://www.zjgsupress.com）
电　　话　0571-88904980　88831806（传真）
排　　版　冉　冉
印　　刷　北京雁林吉兆印刷有限公司
开　　本　787mm×1092mm　1/16
印　　张　19.25
字　　数　237 千字
版 印 次　2019 年 12 月第 1 版　2019 年 12 月第 1 次印刷
书　　号　ISBN 978-7-5178-3438-0
定　　价　58.00 元

目录 ——————————————— **CONTENTS**

[职场说话场景三]

双赢谈判——如何走出彼此较劲的谈判僵局

*   *   *

[职场说话场景四]

高效演讲——如何反转自说自话的自嗨演讲

*   *   *

[职场说话场景五]

商务提案——如何完成一拍即合的商务提案

*   *   *

自序

职场江湖，为何我们越来越不会说话

职场说错话，想想都后怕。

不会说话，客户订单立马落空；不会说话，领导脸色真不好看；不会说话，你和同事都很尴尬。如果那位能说会道的同事升职了，请再也不要说"他不就是比我会说话吗，论能力，哪能比得上我"这样的话。同事的能力到底怎么样，你还真不知道，但唯一能确认的是：同事比你会说话。

人在职场，说话不是自选动作，而是规定动作。客户沟通要说话，会议协商要说话，部门协作要说话，领导质询要说话，下属面谈要说话，就连你每天的邮件与微信，也都是换一种方式在说话。大多数人的职场生涯，有三分之二以上的时间都在和说话打交道。不懂说话，不会说话，不想说话，都将影响你的职业生涯。

在多年的管理咨询与培训生涯中，我们有幸与73家世界500强企业与165家中国企业的管理者进行深入和坦诚的交流，大家的一致意见是：职场说话，既是技术，也是艺术。把话说清楚、讲明白、谈到位，都不是一件容易的事。从内部看，职场说话水平的高低，不仅关系到一个人的职业生涯发展，还会影响整个团队的凝聚力与归属感；从外部看，你的职场说话水平，将成为客户感受与评价的一部分，也将影响客户的满意度与持续合作的意愿。

职场说话如此重要，为何我们却越来越不会说话？

三年来，就这个问题，我们请教了数百位朋友，也包括不少客户、同行与合作伙伴。总结之后，我们发现，关于职场不会说话的问题，有三个原因需要重点关注。

职场说话无意识——说就行了，想那么多干吗

有人认为，说就行了，想那么多干吗？这是典型的认知问题。无论你是老板还是员工，你都不是一个人在战斗。对外，你要通过说话影响客户；对内，你要通过说话协同一致。职场说话，不是不重要，而是很多朋友完全没有意识到它的重要性。

"无知者无畏"，这对那些初入职场的朋友而言，算褒奖；对那些已在职场打拼多年的朋友而言，还真不知道算是褒奖还是批评。至少从职场说话的角度看，每一位职场人士都需要优秀的表达与呈现能力，需要良好的互动和交流能力。因此，从认知层面重视职场说话，才是职场升迁的第一步。

职场说话有障碍——真想说好，但就是做不到

如果认知没问题，到底什么才是职场说话的关键障碍？在职场调研

中，我们发现了三类典型障碍。

障碍一：勇气。没错，就是勇气。面对原则问题，有没有勇气捍卫底线？面对冲突问题，有没有勇气取得双赢？面对质疑问题，有没有勇气应对挑战？面对误解问题，有没有勇气呈现真相？勇气如此弥足可贵，竟成为很多朋友提升职场说话水平的阻碍。勇气和性格有关，也和意识、行为、习惯有关。

我们特别想问的是：你到底在怕什么？当然，好消息是：这本书可以帮你有效解决职场说话的勇气问题。

障碍二：意愿。不喜欢某个同事，就干脆和他老死不相往来。如果哪一位职场朋友可以如此率性而为，我们真不知道该祝贺他，还是该同情他。要知道，职场发展的基本点是职业化，而职业化的前提是契约精神，是更好地胜任你的岗位角色。做事全凭自己的喜好和意愿，这不是巨婴心态是什么？

躲得了初一，躲不了十五。该来的沟通，迟早要来；该来的冲突，迟早要来；该来的挑战，迟早要来。与其被动挨打，不如主动出击。因此，有经验的职场人士都知道，只有解决双方的意愿问题，才能让职场说话变得简单高效。在如何解决职场说话意愿问题上，本书将为你提供翔实的实战解决方案。

障碍三：能力。特别想说清楚，特别想讲明白，但偏偏就是没有说清楚、没讲明白。这就要从职场说话的能力维度来解决问题了。

能力是培养出来的。职场说话有妙招，认真学习皆可得。职场说话，必须分清对象，必须界定问题，必须化解冲突，必须协调立场。所以，职场说话能力，并不仅是说话本身。如何建构你的内容逻辑线，如何提升你的现场应变力，如何提高你的场景理解力，如何增强你的方案呈现力，如何增加你的人格影响力，等等，都是职场说话的关键能力。在这方面，本书将从职场人士的实战情景出发，系统提升职场说话能力，让潜力变能力，让能力变实力。

职场说话缺方法——把话说好，想得到做不到

还有一种情况更普遍，那就是五行缺"方法"——职场说话，有意识、有能力，但缺少简单、有效、可复制、可延伸的实战方法。真到用的时候，经常体验如坐针毡般的痛苦。透过现象看本质，要掌握职场说话方法，我们需要先分解三大要素。

要素一：角色。角色决定行为。职场说话，有时需要一本正经，有时需要轻松幽默。到底该怎么做？这首先取决于你的角色：要说与角色相称的话，不要说与角色相违的话；要说与角色定位一致的话，不要说与角色定位无关的话。谁不想快意泯恩仇？谁不想显英雄本色？然而，职场人士不要忘记，角色才是你职场行为的基准点。是否胜任角色，是评价一位职场人士能力高低的关键标准。

要素二：场景。场景决定基调。同一个问题在不同的场景下，都会有不同的表达方式。有些看起来非常不错的说话方式，在另外一些场景下就可能显得不合时宜。因此，根据问题场景来调整说话方式，就成为优秀职场人士的标配。通常，我们会说这样的朋友情商高。但这真只是情商问题吗？其实，本质还是这些职场朋友懂得如何转换场景，用同理心来感受对方的关切，建立起能应对不同场景的职场说话雷达。基于此，本书专门针对职场人士最关心的汇报、表达、提案、谈判、演讲五大典

型场景，将各个场景的职场说话问题一一拆解，形成简单、具体、可操作的职场说话解决方案，让场景问题无处遁迹。

要素三：技巧。如果有一个好消息和一个坏消息，你会先说哪一个？这就是典型的说话技巧。技巧也叫"套路"，而套路的背后，其实是规律——找到了类似问题的通用解决之道。因此，当我们提到职场说话技巧的时候，是在寻找解决类似问题的路径。规律当然不好找，不然怎么会有那么多职场朋友还陷在职场说话不佳的困境中？没关系，帮助更多的职场朋友解决职场说话技巧问题，恰恰就是这本书的初衷之一。我们总结了无数职场说话的规律和没说好话的惨痛经验教训，形成了若干行之有效的实战"套路"，让职场说话技巧可学、可练、可实践。

正是上述三大要素制约了职场说话水平。三年来，我们访谈了数百位职场说话的优秀人士，从他们的实战经验和惨痛教训中寻找规律，总结和提炼了职场说话的心法和技法，并形成了很多实战技巧、方法与工具。让我们的职场少一些假话、空话、客套话，多一些真话、实话、心里话，让职场说话有趣、有用，正是我们写作本书的初衷和使命。

最后，我们要特别感谢在本书写作过程中，提供大力支持的上百位优秀企业管理者们。他们所服务的企业包括：苹果、三星、西门子、松下、奥迪、正大、壳牌、中国工商银行、一汽、北汽、东风、吉利、奇瑞、方正、万科、中海、中建、华侨城、中国建筑设计研究院、新浪、佛吉亚、江森、北京现代、摩比斯、长安马自达、上汽通用五菱、康迪泰克、广汇、霍夫曼、中汽工程、京博集团、中国联通、中国通服、中电投等，在此不再一一赘述，他们的真知灼见为我们提供了源源不断的素材和养分，也是我们在写作本书的过程中三易其稿的坚实基础。同时，我们还要感谢同事、朋友和家人，他们的理解、信任和支持，是我们成长的不竭动力。

有话好好说，好话用心说。限于认知水平问题，本书内容难免有不当之处，恳请大家批评指正，我们将持续改进。

杨继刚

2019 年 4 月 21 日于北京

职场说话场景一

🎙

向上汇报

—— 如何让上级成为你的职场同盟

第 1 章

领导发飙为哪般

——向上汇报的五大陷阱

问题导读

1. 向上汇报，为何成为很多经理人的"惊魂时刻"？

2. 从上级的角度看，他最期待从汇报中得到什么？

3. 从下级的角度看，汇报的重点和逻辑是什么？

4. 向上汇报，经理人容易陷入哪五大陷阱？

5. 经理人如何走出向上汇报的五大陷阱？

提到向上汇报，很多职场朋友都会心有余悸。原因何在？

毫不夸张地说，很多情况下，决定你职场命运的机会或陷阱，往往就在你面对上级的几分钟内。过往的管理咨询与培训项目中，很多客户告诉我：向上级汇报，每次都压力特大、如履薄冰。每次汇报，总是准备得很好，但表现得很差；每次都想着快点结束，赶快逃离那令人难堪的会议室。

下属视角：向上汇报，痛苦知多少

曾在某科技行业世界 500 强企业研发岗位工作多年的王经理对我说，每周的例行汇报，除了要准备大量的表格和数据，还要绞尽脑汁，想想那位天马行空的老板，到底会提出什么千奇百怪的问题，让他应接不暇。有一段时间，他差点得了"汇报抑郁症"。实在扛不住，他就假装请假，远离老板视线，消失一段时间。

国内某著名地产公司销售部李总告诉我，有一段时间，特别是新楼盘开盘前的一个月，向上汇报更是家常便饭，最让他苦恼的是，每次拿出准备好的材料进行汇报，老板没听两分钟就说："这个问题已经不重要了，我现在要问的是另一个问题。"他询问我，碰到那种一天三变、计划永远赶不上变化的老板，到底该怎么汇报？

在多年的咨询和培训生涯中，我还遇到过很多关于向上汇报的问题。比如，上级极不耐烦，经常打断下属的汇报进程，还咄咄逼人地提出很多古怪的问题；再比如，上级没有同理心，下属无论怎么用心准备，不仅得不到任何赞许，还经常在汇报过程中受到苛刻的指责，搞得下属疲惫不堪，灰心丧气。

到底是什么使向上级汇报变成了一场惊慌历险记，让很多职场人士心有余悸？是上级确实有问题，还是下属的汇报方式有问题？是上级故意刁难，还是下属水平太低……无论如何，我们都必须找到向上汇报痛苦的症结所在，以便使上下级的沟通更顺畅，提高向上汇报的效率，让彼此双赢。

别着急。要想彻底解决这个问题，我们必须先帮大家搞清楚，到底是哪里出了问题。有时，站在下属角度和站在上级角度得出的结论往往完全不同。接下来，让我们听听上级是怎么说的。

上级视角：听下汇报，过程受煎熬

我的一位学员——某能源行业世界 500 强企业事业部老总，他告诉我，每次参加部门例会，特别是听下属汇报，简直是如坐针毡，没听几分钟，确实就听不下去了。为什么？因为很多下属汇报问题，压根就不懂得上级想要什么，只会说自己很辛苦，自己很努力，但说了半天，没有一点是上级想要的，你说气不气人？

我的另外一位学员——国内某大型电子通信企业区域总部的李总，他告诉我，最让他生气的场合就是公司内部的重大项目汇报现场。听了半天汇报，问了几个问题，却发现来汇报的下属根本就搞不清问题所在，也没有可选的解决方案。下属就是把发生的问题讲述了一遍，对项目意外情况没有任何预案，因此李总感觉和下属不在一个频道上，就像对牛弹琴。说多了，很生气，有时干脆就不说了。

还有一位张总，他是某国际手机品牌的研发部老总，技术专家出身，对下属要求严格，自己对行业趋势和技术前沿了解得非常清楚。张总告诉我，他最不想经历的，就是听下属的汇报：数据错误百出、资料很多漏洞，前言不搭后语，说不清、道不明。每次听汇报都觉得是在浪费时间，很受折磨，所以与其对下属苦口婆心地教导，还不如亲自搞定问题。

揭秘：向上汇报的五大陷阱——向你的自以为是开战

类似的问题还有很多。这样看来，在向上级汇报的过程中，不仅下属有苦难言，上级也愁眉苦脸。向上汇报变成了双方的噩梦。但是问题终究要解决，对下属而言，首要解决的问题是了解向上汇报的五大陷阱，向自己的自以为是开战！

为什么说自以为是？

因为上下级所站的角度不同，很多在下属看来严重的问题，有可能在上级眼里不重要。用管理学的语言说，即双方的认知不同，最后的感受和结论也不同。那么，对于下属而言，向上汇报存在哪些陷阱？

陷阱一：认为上级洞察一切，了解前因后果

-

请记住，上级不是神，上级也是人，越是高管，管理幅度越大，要解决的问题也越多，他既没有时间，也没有精力去了解清楚所有的事情。

有的朋友会说，我昨天明明告诉他了呀。我相信你说了，但他未必记得住。你想想，假如换成你，每天几十件事等着决策，很多问题等着推进，你会不会把每件事都记清楚？要求上级洞察一切，了解所有的前因后果，未免有点强人所难。

陷阱二：认为上级理性客观，可以明察秋毫

-

我告诉你，大错特错。如果你自己都做不到理性客观，凭什么要求上级理性客观？就因为他比你职位高、权力大？再说，上级也有视野盲区，很多信息他不清楚，也不了解。在汇报中，如果你假设上级什么都明白、都了解，最后肯定达不到期望，只会造成上下级的理解错位。

同时，由于上级的固有认知和倾向，在不了解情况的前提下，他也无法做到公平、公正。不是他不想，而是不现实。因此，在汇报过程中，永远假设上级不了解情况，或许能帮你一路过关斩将。

陷阱三：认为自己的汇报很重要

-

这可能是向上汇报最大的一个认知陷阱。

在你看来，这次汇报是十分重要的事，是头等大事。但是，在上级看来，你汇报的这件事，可能仅仅是他当天十八个重要决策问题中的一个，你这次汇报的优先度可能并不高，因此，双方的预期不一致。如果你要求上级特别用心、特别在意你的这次汇报，就掉入了认知陷阱。

陷阱四：认为上级要认可自己的付出

-

在下属看来，自己辛辛苦苦准备了很长时间，哪怕是内容上不满意，但至少上级要认可我的辛苦付出吧，要给我一点赞许吧。

可惜，你真的搞错了。知道上级更看重什么吗？结果！你可能付出了你的真诚，但上级确实没有看到你的结果，想让上级给你长辈般的疼爱？不好意思，你确实搞错对象了。

陷阱五：认为抓紧汇报完就完事了

-

在很多下属看来，赶紧汇报完，就不用再忍受上级的高压了，就可以轻松了。因此，他在汇报的时候，尤其是在后半段，特别赶时间，希望越早结束越好，但往往越加快速度，上级打断的频率越高，汇报的速度反而降低了。为什么？

因为向上汇报的重点，从来都不是汇报完，而是拿到汇报的成果。要么上级同意，要么上级支持，要么落实计划，等等。在汇报现场达成共识变成决策，远比接下来改进再汇报好。所以，别忙着汇报完就完事，还是把重点放到汇报本身更好。

如何走出向上汇报的误区

在与数百位优秀经理人沟通后，我越来越发现，这五个陷阱恰恰是阻碍下属向上级汇报成果的绊脚石。如果不能走出向上级汇报的五大陷阱，不能解决向上汇报过程中上下级的同频共振问题，那么，上下级协作就会出问题，关系也会因此受到影响，这对双方而言，都不是好消息。那么，该如何走出向上汇报的五大陷阱？我给大家一个非常实用的操作工具——UFSC（Understand；Focus on the issue, not the person；Structuring；Change）。这个工具已经帮助很多经理人走出向上汇报的误区，使上下级的关系更融洽，协作成果更好。

UFSC 之一：理解你的上级（Understand）
-

当然，这不是让你去了解上级的星座和八卦。作为下属，你要主动去了解上级关注的战略重点，他的 KPI、考核指标、业绩压力等。要了解上级在公司组织体系中的独特使命，急上级之所急、想上级之所想。如果你更懂得上级的战略重点，那么你的汇报会非常节省时间。

同时，你还要懂得上级的利益关切点。比如，上级目前的最大压力是什么，他的担心是什么，他的诉求是什么，他目前想解决的关键问题是什么，等等。如果能理解这些，在向上汇报的时候，你会更加游刃有余。

另外，我还想提醒职场朋友的是，了解上级的管理风格对你的汇报进展会非常有帮助。比如，上级是急性子，那么你要先说结果，而不是绕圈子；如果上级是慢热型，你要循序渐进，不要思维跳跃，等等。了解了这些，我相信，你的向上汇报效果会大大改善。

UFSC 之二：对事不对人（Focus on the issue，not the person）

-

作为下属，你要时刻提醒自己：尽可能忽略那些让人情感不适的感受，回归到问题本身。这一点非常重要，它可以帮助你在汇报时全程聚精会神，不仅能跟上老板的节奏，还能就问题本身获得更好的解决方案。

但这一点也最难做到。职场中的经理人，谁不想获得来自上级的认可和表扬，这非常正常。但，越是重要的汇报，上级的压力越大。原因是上级希望能洞察问题的真相，希望能判断问题的本质，希望能获得问题的解决。在这种情况下，为了决策正确，上级往往会提出很多质疑，毕竟他要确保决策质量。反过来，下属投入了很多时间和精力来准备提案，谁也不想让自己的辛苦白费。因此，为了提案通过，他会千方百计捍卫自己的方案，即便是漏洞，很多下属的第一反应往往也是据理力争。如此情况下，想要做到对事不对人，确实是挺难的。

这个时候，下属只需要问自己一个问题，就不会如此纠结了。这个问题是：我到底想要什么？如果特别在意感受，那么上级的一个质疑或者一个武断的结论，都会让你感到不适，甚至会觉得上级可能对你有意见和看法。如果这种想法被强化，那么你很难走出这个怪圈，你的注意力就很难集中，向上汇报就变成了一场感觉不爽的经历。

UFSC 之三：结构化汇报（Structuring）

-

所谓结构化汇报，就是你要找到一套适合向上汇报的流程，按照先后顺序，让上级更容易理解和认可。在销售与广告行业，曾经有一个经典的"电梯游说"法则：在坐电梯的 30 秒到 2 分钟的时间内，说清楚你的想法。电梯法则的英文缩写为 PREP（"准备"的意思），分别是 Position（观点）、Reason（理由）、Evidence（依据或证据）、Position（重复你的观点）。

在以前的培训课程中，只要涉及向上汇报的典型场景，这个结构的应用都非常好。不少经理人向我反馈，应用了电梯法则 PREP 后，他们的表达思路和结构更加清楚，上级也更容易理解他们的想法和初衷，向上汇报变得简单多了。

比如，在向上级汇报的时候，你要用最简单、最直接的一两句话，告诉上级你的观点是什么，能给上级带来什么，这是 Position（观点）；然后，你要告诉上级，你的理由是什么，这是 Reason（理由）；有了理由还不够，你还要拿出事实数据，来证明你的理由，这是 Evidence（依据或证据）；最后，你要再次重复你的观点，这是 Position（重复你的观点）。通过 PREP 结构化汇报模式，整个汇报过程就形成一个闭环，逻辑清楚、条例明确，这样得到上级认可的概率更高。

大家有没有这样的汇报结构，可以更清晰明了地告诉上级，你到底想要什么，你想让上级做什么，这样做的价值是什么，等等。上级听得很清楚，就可以和你互动交流，提出他的意见和想法，最终双方都可以各取所需。

UFSC 之四：学会随机应变（Change）

-

通常而言，那些在向上汇报环节非常有经验的"老司机"们，往往会建议你两手准备，即准备两个以上的汇报材料版本：一个是详细版，有你需要的事实和数据，只要上级问到，都可以快速拿出来讨论；一个是简化版，只讲重点和老板的关注点，减少汇报的时间和精力，等等。同时，这还不够，你还要提前列好问题清单：包括上级的利益关切点、战略重点，以及你的补救方案等。只有这样，面对上级的即兴问题，你才可以立即做出反应，回应他的质疑和关切，让汇报更通畅。

如果上级即兴提问，你该怎么办？

-

做到以上四点，你便掌握了向上汇报的基本功。至少能帮助你减少错误，避开雷区，使上级对你的印象更好一些。当然，即使你准备了这么多，也还是有可能无法面对上级突如其来的问题。毕竟，很多的上级都喜欢临场发挥，尤其是那些思维跳跃性很强的上级。面对那些像机关枪一样的临时问题，你毫无准备，也没有提前想到上级会如此提问，那该怎么办？

告诉大家一个"秘方"：要学会随时丢掉 PPT、Excel、Word，不要让自己的汇报依赖任何一种形式。要知道，所有的汇报形式都是在帮你理清思路、解决问题。如果离开 PPT 后你就不懂如何汇报了，那显然是让汇报形式主宰了汇报的目的。面对上级的即兴提问，不要惊慌失措，不要瞻前顾后，而是勇敢地丢掉 PPT，回到上级的问题本身，回到上级的角色和战略重点，围绕上级提问的出发点，有效回答问题。有了这个前提和习惯，你的向上汇报定会事半功倍。

当然，问题还没有完。在向上级汇报的过程中，汇报前、中、后分别要做些什么；向上汇报的时候，是讲故事重要，还是讲数据重要；要不要开门见山、直奔主题；要不要积极回应、正面应答；等等，我们将在下一章和大家分享。

本章小结

....

1 **向上汇报的五大陷阱**

- 认为上级洞察一切，了解前因后果

- 认为上级理性客观，可以明察秋毫

- 认为自己的汇报很重要

- 认为上级要认可自己的付出

- 认为抓紧汇报完就完事了

2 **向上汇报的四大关键点**

- 理解你的上级

- 对事不对人

- 结构化汇报

- 学会随机应变

3 **向上汇报的"电梯法则"**

- Position（观点）

- Reason（理由）

- Evidence（依据或证据）

- Position（重复你的观点）

职场说话方法论——向上汇报的四大关键点

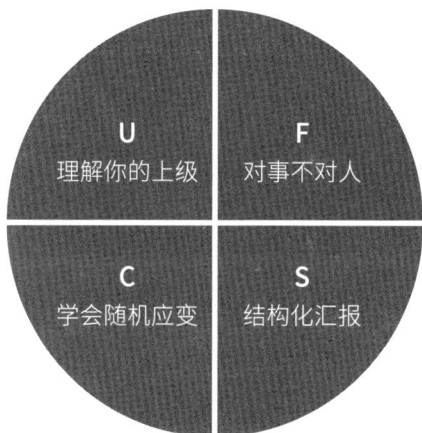

| U 理解你的上级 | F 对事不对人 |
| C 学会随机应变 | S 结构化汇报 |

职场说话工具包——向上汇报的"电梯法则"

Position 观点

Reason 理由

电梯法则

Position 重复你的观点

Evidence 依据或证据

第 2 章

上级点赞有门道

——向上汇报的四大步骤

问题导读

1. 向上汇报时，哪些行为可以赢得上级的好感？

2. 作为经理人，你需要了解的向上汇报五大真相是什么？

3. 在向上汇报过程中，为何要减少绕圈子和讲故事？

4. 如何应对时刻处于跳跃性思维的上级提问？

5. 向上汇报时，让上级点赞的四大关键步骤是什么？

在实际工作中，有一类下属的工作汇报经常赢得上级点赞。在多年的管理咨询与培训项目实践中，很多中高管都会向我提到以下赢得上级好感的汇报行为：

第一，下属进行汇报时，先告知上级结果。这样，上级就能在最短时间内搞清楚下属汇报的核心问题，双方根据实际情况进行有效沟通。

第二，既报喜，也报忧。事实上，谁也不愿意听到坏消息。但上级更讨厌最后一个知晓坏消息。因此，在一次汇报中，让上级充分了解某项重要事务的关键点，比单纯让上级听到好消息重要得多。

第三，带着解决方案做汇报。我们经常听到那句话：请带着解决方案做汇报。如果下属只提问题，而没有任何成熟或不成熟的解决方案，至少在上级看来，只能发现问题，却不能解决问题，这不是给上级留作业吗？因此，永远让上级做选择题的下属，都会得到上级的赏识。

第四，事实和数据准备充分。如果上级提问时，下属一问三不知，那么，上级只剩下怒火在心。在他看来，下属作为工作的执行人，至少要对现实情况洞察秋毫，如果一问三不知，要么是态度问题，要么是能力问题。总之，上级一定不高兴。

向上汇报的五大真相

由此看来，要让上级为你的汇报点赞，还是有很多技巧的。因此，不能了解向上汇报的真相，不能掌握向上汇报的逻辑和流程，不能解决上级的真正担忧，导致向上汇报处处碰壁，也就成为很多职场人士的梦魇。那么，向上汇报的真相，到底是什么？

真相一：向上汇报是上级的主场

-

既然是上级的主场，你的汇报仅仅是上级主场中众多事务的一件。不管你是否愿意承认，在向上汇报这件事上，何时开始汇报，何时终止汇报，何时继续汇报，主导权在上级那里。当然，有的职场人士会说，我可以让上级跟着我的思路走。对此，我丝毫不怀疑，很多优秀的职场人士确实有这个能力。他们可以施展独特魅力影响上级的偏好和认知，让上级跟着他们的节奏和气场走，但这已经不是向上汇报的问题了，而是进入向上管理的境界了。在搞定向上汇报前，这种情况我们暂且不展开讨论。

真相二：上级真的很忙

-

或许，你已经为向上级汇报的内容，准备了十天半个月，这是你过去几周日程表上最重要的事。但在你看来最重要的事，可能仅仅是上级若干件重要的事情之一。同时，你也要知道，上级可能刚刚结束一场疲惫不堪的会议，也可能刚刚被他的上级训斥了一顿，还可能没有完全从上一次会议的心烦意乱中走出来，在这种情况下，你指望你的上级能快速切换频道，马上对你笑脸相迎，做到完全地客观理性，说实话，这对上级的要求有点高。况且，你的汇报只是他全天工作议程中的一部分，其重要性不以你的准备程度为标准，而是以上级的战略和职责为标准，突然终止汇报或者临时取消汇报，真的只是正常情况而已。

真相三：确认上级要什么比汇报内容更重要

-

这是很多职场人士经常误解的地方：不是上级想听汇报吗，我好好准备了，也好好汇报了，但上级不好好听，我能有什么办法？于是，满腹委屈和埋怨就来了。其实，真的不是因为你准备得不好，更有可能是因为你的汇报重点未必就是上级关心的。再把话说得直白一点，你要懂得上级的压力和痛苦所在。如果你能想上级之所想，急上级之所急，那么向上汇报就变成了一次目标统一、方向一致、相互协商、相互支持的有效沟通。反过来，向上汇报就会变成一场鸡同鸭讲的误解和伤害。所以，问题的关键在于，你一定要想方设法了解上级的需求和期待，一定要懂得上级的战略重点和工作压力所在，只有这样，向上汇报才能做到顺利、有效。

真相四：最好不要期待表扬

-

事实上，这是很多职场人士迈不过去的一道坎。对事和对人，经常被很多职场人士混为一谈。比如，上级对我的汇报不满意，就是否定我这个人。事实上，上级可能只是对这件事不满意，与怎么评价你这个人一毛钱的关系都没有。反过来，上级对你的汇报很满意，也不代表就马上完全认同和满意你这个人。如果你能把对事和对人分开，很多职场痛苦就可以迎刃而解。如果非要把对事和对人混在一起，那么，痛苦和纠结注定会成为你职场中挥之不去的痛。因此，你必须明白，向上汇报本身和领导对你的评价、领导对你的认同并无太大关系。请记住，你是去汇报的，不是去要表扬的；你是去反馈任务进展的，不是去拉关系套近乎的。不清楚这一点，你向上汇报过程注定是一场备受煎熬的痛苦体验。

真相五：这就是一场汇报

-

工作中，你每天都会面临汇报、反馈、沟通等事务。因此，向上汇报就是一场基于工作进度的汇报。你千万不要上纲上线，也不要吹毛求疵，无论汇报得好坏，你的工作依然需要进展下去。哪怕上级表扬你，你还是要应对接下来可能出现的问题；即便上级批评你，你依然需要处理各种问题。因此，从更好地推进工作进展的角度来看，上级提出的问题越多、意见越多，你接下来的工作改进方向就越明确。这次汇报，你就是去要反馈的，你就是去要建议的，如果上级给了你明确的方向，那么接下来你就能少一点纠结；如果上级给了你良好的建议，那么你接下来就能更好地开展工作。如果你能做到这一点，就能大大减少向上汇报过程中的挫折感和过敏行为，就不会太过于在意上级的指责，从而更好地处理接下来的工作。

以上，就是职场人士必须搞清楚的向上汇报的五大真相。了解了真相，接下来，我们就要抽丝剥茧，帮助你找到向上汇报的正确方式。在很多管理者看来，如果要完成向上汇报，需要遵循以下四大步骤。

向上汇报的四大正确步骤

第一步：开门见山

-

不说废话，不绕圈子，少讲故事，把你的想法、结论和问题，直截了当地告诉你的上级。

有人说，不对啊，我看过很多商务表达和演讲的书籍，里面都说，讲故事才是职场最好的表达方式。没错，讲故事的确是一种很好的职场表达方式，但这并不代表讲故事适合所有的工作场合。如果这件事十万火急，哪位上级会耐心听你的故事？如果上级正需要你的汇报来进行决策，他怎么可能耐着性子听你的故事？如果你的故事不动听，你的故事不好玩，反而会起到更糟糕的效果。越是在时间紧、任务重的情况下，大多数上级领导越没时间听你讲故事，更不希望你用讲故事的方式旁敲侧击。这样看来，我们与其浪费时间做无用功，倒不如开门见山直截了当地汇报好。那么，到底如何做到开门见山？

第一，可以先说结论，再说证据。

所谓向上汇报，老板最关心的就是结论。先把结论抛出来，上级就能确认是不是自己想要的，也就能进行下一步推进和决策。如果上级对结论有不同意见，他也会通过提问的方式来确认，这个时候你就可以用自己提前准备好的事实和数据回复上级。比如，你是如何得出这个结论的，你的依据是什么，关于这个问题，你又是如何考虑的，等等。事实证明，这种结论先行的汇报方式省时省力，少了很多不必要的麻烦。

第二，可以先说结果，再说过程。

只要涉及向上汇报，就一定会有所谓的好消息和坏消息。如果是好消息，大家不会有什么顾虑，一定会先把结果告诉上级。但遇到坏消息，很多职场人士就很容易瞻前顾后，支支吾吾绕了半天才说出来，上级不高兴，老板很生气。其实，无论是好消息，还是坏消息，先说结果，再说过程，都是向上汇报的首要原则。如果是坏消息，我送给大家四句口诀：开门见山说结果，客观简要讲原因，认真全面谈补救，总结经验做改进。用这种方式做汇报，无论是好消息，还是坏消息，都可以一网打尽。

第二步：积极倾听

-

向上汇报的过程中，上级不仅需要听到你的结论，还会提出很多问题。因此，如何倾听和回应上级的问题，也是职场人士的基本功。倾听不是单纯地听上级说什么，而是需要通过倾听了解上级的意图，回应上级的关切，推进向上汇报的进展。具体来说，有三个做法供大家参考，这三个做法也被称为 TTP 倾听法。

第一，Translate——学会翻译上级的问题。

在汇报之后，当上级提问时，你千万不要见招拆招，也不要立马提出你的方案。这里的关键问题在于，当你还不能完全理解上级所提的问题时，你给的方案往往都是错的。

因此，在上级提问后，你要学会快速翻译上级的话。比如，当上级问你，最近两个月的利润为何出现下滑的时候，你要思考，上级是在说收入减少的问题，还是成本提高的问题，又或者是团队效率降低的问题。如果近期收入没什么问题，效率也不是问题，那么上级真正关心的是成本。因此，你必须快刀斩乱麻，省略收入和效率问题，快速翻译上级的问题，直奔上级想要的结果。这样做，不仅可以帮你与上级同频共振，还可以快速与上级达成共识，你后续的解决方案更容易赢得上级的认同和支持。

第二，Truth——发现问题背后的问题。

再以上面提到的情况为例。如果上级关心的的确是成本问题。那么，这个时候你要快速找到成本提高的原因：是人员扩张带来的问题，还是原材料采购价格上涨带来的问题，又或者是市场活动增加带来的成本提高。发现问题背后的问题，这不仅关系到接下来的问题解决，还关系到上级对你的问题洞察能力、解决方案水平、工作推进程度的综合研判。因此，学会发现问题背后的问题，不仅是技巧问题，更是能力问题。

转换到上级角度，我们也会发现：每一次管理层例会和项目会议，上级在听取汇报的同时，不仅想了解项目进展，还要针对现实情况做下一步决策。说到底，上级需要根据你的汇报进行决策。因此，如果你能给上级反馈"问题背后的问题"，那么就有助于上级在流程、机制、方法层面进行系统改进，使一次汇报带来更多的决策价值。如果是这样的话，你更应该"发现问题背后的问题"，按照这种方式汇报，既能推进工作进展，又能系统展现你的能力，想不在上级那留名都难。

第三，Promote——推动汇报进展。

很少有上级总按常理出牌。这不仅是因为上级考虑问题的出发点和你不同，还因为你的汇报往往会激发上级的其他思考。因此，上级的跳跃性思维、即兴提问的问题，都属于正常现象。当然，无论你准备得多么充分，都无法完全应对上级的提问。如果上级提到的问题比较尖锐，牵扯的问题很多，你在现场无法给出令上级满意的结果，那么在翻译完上级的问题、发现问题背后的问题之后，你要简单明了地告诉上级：我理解了上级的关切点，也搞清了问题所在，我会在本次汇报结束后多长时间再向您反馈进展。同时，关于刚才这件事，为了让上级掌握的情况更多，我接下来进行下面的汇报……你看，这样的回应，既可以承接上级的问题，又可以推动汇报的进展，何乐而不为？

第三步：回应上级的关切点

-

还记得我们前面提到的向上汇报的真相吗？没错，向上汇报是上级的主场，你的重点永远都不是你汇报什么内容，而是不断确认上级关心什么，也就是上级的关切点。通常而言，向上汇报最忌讳的是，你在那滔滔不绝，讲的都是自己关心、自己认为重要的事，却忘记了这场汇报成败的关键是你的汇报内容是否是上级关心的。说了半天，如果你的汇报内容既不是上级想要的，又没有办法在现场激起上级对汇报内容的兴趣，那么接下来的汇报就难免尴尬了。如何回应上级的关切点？有两个操作方法供你参考。

第一，提前说出他的担忧。

在向上汇报的过程中，如果你压根儿不懂得上级的担忧，汇报很有可能提前终止；如果你理解上级的担忧，却没有做出及时的回应，那么这种汇报也很吃力；如果你理解了上级的担忧，在上级表达之前，回应了上级的这种担忧，那么，你的汇报将会如鱼得水。

还记得前文提到的成本升高的那个案例吗？上级真正的担忧是成本，如果顺着这个担忧再往下延伸，你还会发现在战略、决策、流程和机制层面，上级更大的担忧和痛苦。因此，在上级提出自己的担忧前，先行说出和回应上级的关切点，没有比这更贴心的了。

第二，告诉上级你的考虑。

请注意，我用的词是"考虑"，而不是"方案"。在没有确认上级的担忧前，如果直接给出你的方案，这不仅是在考验你的临场反应能力，而且大多数情况下，你的方案极有可能还是站在自己的立场，且不说能不能完全把上级的担忧解决掉，就是出发点都有可能和上级不尽相同。这个时候，你可以退后一步，说出自己的考虑。你的考虑未必全面，也不一定准确，却可以给上级提供启发和思路。这不仅有助于决策，还能推进相关工作的进展。

这样做，还有一个好处是上级会对你刮目相看。原本，他是来听汇报、了解工作推进情况并进行决策。但没想到有这么一个理解上级担忧的你。在上级看来，一个真正理解上级关切点的下属，可以让他对后续的工作进展更有信心。顺利的话，包括有效授权、资源支持、必要时的上级协助等举措，都会纷至沓来。想想看，上级的支持增加，你后续的工作推进会不会更顺利？

第四步：以不变应万变

-

准备得如此充分，难道还会有意外发生？事实上，我必须告诉你，意外经常发生。这不仅是因为上级的出发点和关注视角跟你不同，还因为上级往往把眼下的这项工作纳入自己正在推进的重要工作中去。作为上级所关心的某项重点工作的重要一环，他从其他战略角度提出问题，可能是你无法预料的。因此，无论你准备得多么充分，遇到意外情况，遇到上级提出的意外问题，都属于再正常不过的事。

怎么办？不是凉拌，而是以不变应万变。只不过，我们这里所提到的随机应变，并非打无准备之仗。作为职场人士，除非万不得已，大多数情况下，你都不要过于相信自己临场发挥的水平，也不要期待老板心情好。你需要在汇报之前，做三件事。

第一件事：列出上级可能问到的问题，针对每个问题，准备应对方案。这就相当于打草稿，一旦上级真的提到某个问题，你不至于惊慌失措。

第二件事：花一点时间再次确认上级的战略重点，以及近期的工作难点，他的决策风格是什么，可能提问哪类问题，这样你才能做到心中有数。

第三件事：与那些向上汇报的高手们交流一下，了解他们的意见和视角，学习他们的实战经验，至少要学会避免雷区。这样的话，你的汇报将事半功倍。

以上就是向上汇报的四大步骤。做到这四步，向上汇报就能够减少意外、切中要害、获得上级的点赞和认可。最重要的是，从此再也不需要为向上汇报忧心忡忡，那就是一场汇报而已。

本章小结

....

1 **向上汇报时，获得上级好感的四大行为**

- 先告知结果

- 既报喜，也报忧

- 带着解决方案做汇报

- 事实和数据准备充分

2 **向上汇报的五大真相**

- 向上汇报是上级的主场

- 上级真的很忙

- 确认上级要什么比汇报内容更重要

- 最好不要期待表扬

- 这就是一场汇报

3 **向上汇报过程中，如何做到积极倾听**

- 学会翻译上级的问题

- 发现问题背后的问题

- 推动汇报进展

职场说话方法论——积极倾听的三个做法

....

Translate
学会翻译
上级的问题

Truth
发现问题
背后的问题

Promote
推动汇报进展

职场说话工具包——向上汇报的四大步骤

....

Step 1
开门见山

Step 2
积极倾听

Step 3
回应上级的
关切点

Step 4
以不变应万变

有话好好说

第 3 章

找到死结赢信任

——向上管理的四大误区

问题导读

1. 为什么大多数管理课程，只谈向下管理，很少谈向上管理？

2. 在向上管理的过程中，下属往往会有哪些顾虑？

3. 从工作角度出发，上下级之间到底是一种什么关系？

4. 为什么所有的上级都需要安全感、信任感和尊重感？

5. 向上管理存在哪四种典型误区？

在向上汇报的基础上，如果还能做到向上管理，岂不是更进一步？

但理想很丰满，现实很骨感。服从上级，往往是很多人的天然意识，试图挑战上级的权威，想想都后怕。

事实上，从泰勒、法约尔到德鲁克，大多数西方管理学家的关注重点，从目标分解、计划控制、过程管控到流程再造、组织变革、绩效考核等内容，也都不约而同地指向了向下管理。如果管理学大师们对这个话题都不怎么感兴趣的话，那么现实中大家遭遇的挑战显然会更大。

多年前，我在"领导力培训"课堂上，把这个话题首次分享给某家企业的中高管时，他们同样带着很多疑问：我们只听过向下管理，你怎么能告诉我向上管理呢？我的职位就是上级（组织）任命的，上级（组织）还决定了我的升职加薪。这种情况下，难道我的上级会听我的？难道我的上级会按照我的想法做？

这类管理者的疑惑其实隐含了两个假设前提：第一个前提是官大一级压死人。在企业组织中，权力的来源是自上而下，不是自下而上，都是下级服从上级，怎么可能让上级服从下级；第二个前提是把管理当成了服从，把管理当成了听话，下级必须听上级的，下级要按照上级的要求去行动。

事实上，向上管理的意思，压根儿就不是服从和听话，也不是让你去指挥和领导上级。向上管理，意味着你要在工作中与上级形成目标一致、行动一致、绩效一致的利益共同体；意味着你要和上级建立强有力的工作关系，与上级形成默契、化解矛盾、建立信任；意味着你要成为上级心目中不可替代的"关键下属"。这才是向上管理的正确解读。

再回到现实，我们会发现，向上管理根本不是什么职场人士的"奢侈品"，而是每一位期待在工作中脱颖而出的职场人士的"必需品"：没有上级的支持，你如何获取最稀缺的工作资源；没有上级的认同，你如何推进阻力重重的计划；没有上级的支持，你如何全力以赴、心无旁骛地达成挑战性目标；没有上级的支持，你如何完成升职加薪；等等。好的上级不仅能引导你进行正确的职业规划，还能帮助你在关键时刻破解职场发展瓶颈，助推你的事业成长。

来自盖洛普咨询公司的调查数据显示：有超过 75% 的员工离职，都是因为无法和自己的上级搞好关系造成的。因此，不能有效地进行向上管理，不能让上下级之间形成合力，不能让上级成为你事业成长的加速器，就成为很多职场人士遭遇职业瓶颈的关键因素。另一个有关上下级职场关系的权威调查显示，影响员工升职加薪的重要因素中，来自上级的评价占到了很大权重，甚至会直接影响员工职场发展的速度和结果。如此看来，向上管理是职场人士必须完成的必修课。

上级需要的三个"感"

要真正实现向上管理，首先要做的就是站在上级角度，洞察和了解上级对你的需求和期望，懂得上级在想什么，懂得上级的敏感和脆弱，懂得上级的关切和痛楚。在我看来，无论什么样的管理风格，很多上级都需要三个"感"。

第一感：安全感（Security）

-

上级需要安全感，千真万确。想象一下，如果上级交代给你的某项重要任务，你的执行过程完全是暗箱操作，上级对你的工作进展和完成情况一无所知，你觉得上级会有安全感吗？每次开会的时候，你公开的表态都是支持，但会后的行为却是反对，你觉得上级会对你有安全感吗？如果上级制定的战略目标，你嘴上说认同，但到了行动阶段，迟迟不见你动起来，也不见你的反馈和沟通，你觉得上级会有安全感吗？

所以，你一定要学会站在上级的角度问自己：什么样的职场行为和做法会让上级有安全感？什么样的职场行为和做法会让上级没有安全感？比如，工作中要不要及时反馈，要不要及时让上级了解你的工作进展，要不要把坏消息反馈给上级，要不要先执行上级的战略计划再发表意见，等等，这些都会涉及上级的安全感。由此，你也就明白，为什么越级汇报会是上级非常反感的事——你让上级彻底没了安全感，他还能对你和颜悦色吗？

第二感：信任感（Trust）

-

安全感和信任感，就像一枚硬币的两面。如果上级对你没有安全感，怎么可能产生信任感？如果上级遇到问题，每次都要在内心问自己，某下属是否靠谱，是否值得信任。那么，你觉得上级有什么信任感？

信任是个大问题，也不是三言两语就能说清的。西方有一句关于领导力的谚语：如果你不信任送信的人，你也不会信任那封信的内容。由此看来，上下级之间，信任是合作的底线问题，也是团队发展第一个要破解的问题。如果上级不信任你，你觉得他会对你委以重任吗？如果上级不信任你，你觉得他真能帮助你解决职场发展难题吗？如果上级不信任你，你觉得工作推进过程中能获得必要的资源和支持吗？

这真的不是什么中国特色的管理问题，而是全天下公司都存在的问题。各位职场朋友一定要反思：过去我有哪些行为和做法，可能让上级不信任？上级会信任哪些下属？他们身上有什么相同的特征？我的哪些行为事实上已经造成了上级的不信任，而我自己还没有觉察？面向未来，我该如何构建我与上级的信任关系？等等。同时，我也提醒大家，建立信任不是短期内就能完全解决的问题，需要时间的积累，需要你在重要行为上的坚持和重复。建立信任需要很长时间，但破坏信任可能就在一瞬间。有了信任，上下级坚如磐石；没了信任，上下级形同陌路。从现在起，重建你和上级之间的信任，应该是你的头等大事。

第三感：尊重感（Respect）

-

如果说安全感和信任感，扮演的是上下级关系的"底层密码"的话，那么，尊重感则是推进向上管理的加速器。在领导看来，是否尊重上级，不是看你说什么，而是看你做什么。如果上级的指令，你拒不执行；如果上级在微信群里的发言，你从不响应；如果上级的意见和建议，你从不吸收和改进，你觉得，上级会如何看待你？

给上级尊重，不是唱高调，也不是拍马屁。如果上级的言行不值得尊重，那么，也不要伪装自己，尽快做出自己的职业选择，这也是对自己负责。任何时刻假装尊重上级，对你和上级来说都是一种煎熬。于你而言，嘴上全是尊重，心里全是责骂；于上级而言，听到的全是尊重，感受到的全是不尊重。这样下去，双方都很别扭。与其耽误时间，不如双方都放过彼此，这何尝不是另外一种形式的尊重？

只要你选择留在团队，作为下属，无论是主动选择，还是被动选择，你都要从内心真正给予上级尊重感。请你一定相信，大多数情况下，能成为你的上级的人一定有过人之处，一定是组织中管理或技术、业务等能力出众的人。只有给予上级充分的尊重，你才能获得上级的资源支持，才能获得重要的工作机会，才能加速职场的发展和转型。

当然，这不是说，你要拍上级马屁，也不是说对上级的一切都说Yes，那样做未必能赢得上级的尊重。如果你能换位思考，更好地了解上级决策的出发点，理解上级的工作压力和期望，你就更能尊重上级，更能和上级形成良性互动，这样的上下级关系是不是更和谐？

总之，安全感、信任感、尊重感，是每位上级都需要的三大内在需求。无论其过去是技术大咖，还是业务专家，又或者是人际关系达人，满足上级的这三大需求都是关键。然而，有的职场朋友会说，我觉得已经给了上级足够的安全感、信任感和尊重感了，怎么我和上级的关系依然处理不好呢？

我想告诉大家的是：给上级安全感，不等于凡事都要"早请示、晚汇报"——你把决策的责任都扔给上级，这哪是给上级安全感，完全是把责任推给了上级；让上级对自己有信任感，也不等于什么话都说，什么事都做，建立信任是长期的过程，并不是你表表决心、喊喊口号，上级就信任你了；同时，给予上级尊重感，也不等于不发表意见、不提出异议，那不叫尊重，那叫简单机械地执行。

向上管理的四个误区

由此看来，向上管理真不是一件容易的事。凡是那些经常遇到向上管理困境的职场人士，往往都有着和上级关系不好的死结。就是这些死结牢牢制约着上下级关系，使上下级陷入冷战对立的状态。对大多数职场人士而言，要找到这些死结，就必须走出向上管理的四大误区。

误区一：把上级当亲人

-

不知是出于性格原因，还是家庭成长环境的影响，很多职场人士对我说：他们会不自觉地把上级当成长辈或亲人。言外之意是，如果我出现工作失误和问题，上级应该体谅我、包容我，甚至原谅我，因为我的长辈和亲人就是这么做的。

我不得不说，大错特错！这不仅是你的一厢情愿，更是对工作关系的严重误读。你和上级之间从来就不是什么亲人关系。在没有血缘关系的情况下，如果哪一个上级总拿亲人关系来说事，请记住，他一定是在忽悠你。把上级当亲人，你选错了对象，搞错了关系。上级就是上级，不要让你长不大的情感寄托泛滥成灾。

从工作性质讲，你和上级到底是什么关系？

第一，工作关系。

这就意味着，你必须完成上级交给你的任务，上级要给予你必要的回报和支持。上级请你来，不是教育感化你，也不是让你有个情感寄托，而是需要你完成工作拿到结果，这是本质和前提。

第二，合作关系。

这就意味着，上下级之间必须相互协作，各自发挥优势，按照流程和职责服务客户，完成任务。因此，如果你不能胜任工作，不能给上级提供有效的支持和协助，那么这种上下级关系很难持续下去。

第三，利益关系。

你的工作成绩，是上级工作业绩的一部分，上级的工作成绩，也是你工作绩效的一部分。大家一起努力，提升组织绩效，任何一方不给力，都将影响组织发展。

只有明确了这三个基本关系，上下级之间才能互相协作，如鱼得水。然后，才会有伯乐和千里马的故事，才会有上下级事业共荣，才会有长久的朋友和人生的伙伴，这些才是真正的职场"奢侈品"。如果没了前述的三种基本关系，后面的这些都无从谈起。

误区二：把上级当神人

-

言外之意是，上级就应该无所不能，自己搞不懂的事、搞不定的事，上级应该统统都能搞定。然而，事实上，上级根本就不是什么神人。他一样会发飙，一样会神经质，一样会不可理喻，一样会满嘴跑火车。结论就是上级不是神，上级就是人。那种按照"神人"标准要求上级的下属，要么是极端幼稚长不大的职场表现，要么是对上级不怀好意的"人格绑架"。无论是哪一种，都请大家记住，上级绝不是什么神人。

这就意味着，你要降低对上级的期望。事实是，上级不能解决所有问题。因此，当你遇到问题找到上级时，他也可能无能为力；同时，上级在有些问题上的意见和建议，并不一定比你专业。你当然需要倾听上级的意见，但这并不意味着你必须全盘吸收和接纳。还有人说，他没那么专业，凭什么当我的领导？这一点，显然是对上级的误读。上级需要懂专业，这样才能领导团队。但这并不意味着上级需要在所有方面都比下属专业。如果是那样的话，上级去做专家多好，干吗去做管理者？管理者的核心是调动团队内外资源，解决组织交代的任务，本质是一位资源整合者、目标驱动者和团队打造者。指望上级在任何方面都是比下属强的专业人士，显然又是另外一种形式的一厢情愿罢了。

所以，上级根本就不是什么无所不能的神人。请降低自己对上级的期望，这样能帮助你更好地理解上级，更好地找到解决问题的最佳路径，而且你还能在上级能力不强的地方协助他。这样做，是不是可以更好地增进上下级关系？

误区三：把上级当完人

-

完人和神人不一样。神人，强调能力无所不能；完人，强调道德、性格层面完美无缺。如果你说，要对领导者的道德水平提出更高要求，我想全世界都同意你的话。但如果你说领导者在道德层面完美无缺，这恐怕又是一个"想象中的美好"。

客观上说，除了我们经常提到的社会公德外，每个人对道德还会有自己的定义。因此，在组织中，要做到所有人眼中"道德完美无缺"，难度大到不可想象。很多情况下，领导者的做法无法获得每个人满分的道德评价，尤其是自身利益受损的时候，有多少职场人士能本着客观无私的标准继续评价领导者的所作所为？况且，几乎所有的企业在对领导者的岗位要求中，都会提到德才兼备，但并不等于领导者需要在道德上完美无瑕。而且，随着时间的变化，个别领导者在道德底线上也会出现问题，那个时候，国家和组织层面的法律制度可以进行约束和处罚。这至少说明，领导者也会出现这样那样的问题，根本就不存在所谓的"完美领导"。

事实上，上级同样可能有道德或性格瑕疵，可能以偏概全，可能假公济私，可能打小算盘，可能怕下属的成就超过自己，等等，这些都很正常。要知道，公司的规则制度不仅对下属有效，也同样对上级有效，制度和文化也在约束着上级，这方面下属不用操心。于你而言，重要的并不是上级是不是完人，而是你要和上级相处，你要和上级达成共同目标，你要获得上级的支持，等等。因此，如果你既能完成上级交代的任务，又能帮助上级减少道德瑕疵、降低性格因素造成的工作影响，那么，你作为下属，是不是也在帮助上级成长、进步？

误区四：把上级当强人

-

强人的意思是上级必须明察秋毫，必须理性客观，必须洞察一切，必须扛得住任何打击，等等。事实上，上级也不是什么强人，他的能力很有限，你扛不住事的时候，他可能也扛不住；你误解别人的时候，他也可能误解人；你想妥协的时候，他可能也想打退堂鼓；等等。

尤其是面对组织变革、团队问题、战略决策，上级也需要下属给他打气，给他重要的意见和建议，他也需要看到下属的决心。如果下属都没有想法，没有行动和支持，你觉得上级得需要多大的力量才能把一件大家都不看好的事情坚持下去？

　　有人说，那不对啊，谁让他是上级呢？既然是上级，就得是强人，再说，他拿的薪水也比我多。这话说对了一半，不论是哪家公司，提拔员工做管理者，都要看他的业务水平或技术水平，从这个角度而言，上级要么是业务强人，要么是技术强人。但这并不等于上级什么都强。在涉及团队管理、文化打造、人员协作、流程再造等问题上，上级的局限性也很多，他也需要成长和发展。换个角度讲，如果上级的发展受限，你觉得，你的职场发展就会是坦途吗？

　　以上，就是向上管理的四大误区。职场人士越早洞察和了解这些误区，就越能和上级理性相处，越能快速找到上下级同频共振的钥匙，真正实现上下共赢。同时，向上管理也需要技巧和方法，更需要你在策略上找到正确的路径。下一章，我们将一起探讨和学习向上管理的三大策略。

本章小结

....

1 **向上管理过程中，要关注上级的"三感"**

- 安全感
- 信任感
- 尊重感

2 **向上管理的四大误区**

- 误区一：把上级当亲人
- 误区二：把上级当神人
- 误区三：把上级当完人
- 误区四：把上级当强人

3 **向上管理过程中，如何定义上下级关系属性**

- 工作关系属性
- 合作关系属性
- 利益关系属性

职场说话方法论——上级领导最在意的"三感"

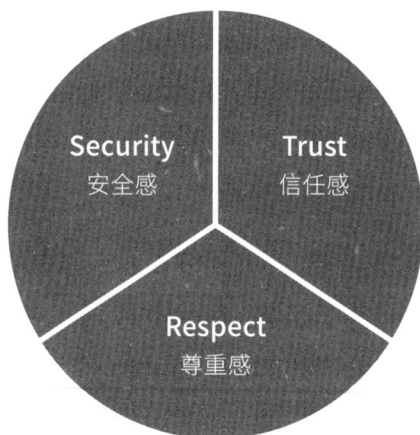

职场说话工具包——上下级之间如何提升信任感

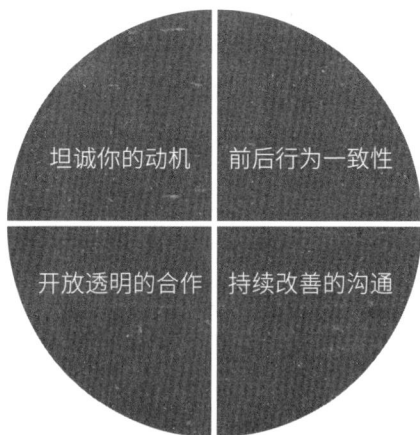

第 4 章

上下齐心奔前程

——向上管理的三大策略

问题导读

1. 与上级相处，为什么首先要做的是适应上级？

2. 如果上级是外行，你该如何与你的上级相处？

3. 如果上级遇到棘手问题，你如何在关键时刻不掉链子？

4. 如何让你的上级感受到你的强力支持？

5. 如何处理与上级之间的冲突？

当你知晓了上级的期待，懂得了上级需要安全感、信任感、尊重感，走出了向上管理的四大误区，接下来，你就要回到实际工作场景，拿到向上管理的关键钥匙，去打开上下级关系的那把铁锁。

首先，你需要再次认识一下自己的上级。

对上级的两个新发现

站在组织层面看上级，你会有两个不同寻常的"发现"。

发现一：上级不是你选的，而是组织选的

-

这句话的意思是，你喜不喜欢你的上级，一点都不重要。你的上级，并不是因为你喜欢而存在。上级是组织任命的，是公司授权的，在谁能当你的上级这件事上，除了离职和调岗，你并没有什么选择权。这也就意味着在很多情况下，你和上级较劲，实质上是在和组织较劲。

因此，如果你的上级能力强、视野宽，上进心强，还愿意培养员工，那么，恭喜你，你真的是中彩票了。所以，赶紧抓住机会，向你的上级

学习，这不仅能帮助你提升能力，还能在职场发展中助你一臂之力。

如果你的上级恰好能力不强、上进心一般，也没有什么长远打算，那么，还是要恭喜你。因为，在这样的领导之下，你必须加倍努力，才能获得同样的机会，才能拿到同样的回报，才能获得成长和突破。这种情况下，完全依靠上级根本不靠谱，你必须快速提升自己的能力，在上级能力薄弱的地方迅速补位，在上级需要支持的地方快速占位。在还没有足够的实力之前，或者还没有完全打定离开的主意之前，努力把握任何一次机会，让自己变得更强大。如此这般，你的职场发展会更有潜力，毕竟，能力是自己的。

发现二：是你适应上级，而不是让上级适应你

-

尽管这是常识问题，但显然，很多职场人士早已经忘记了这个常识。那就让我来提醒一下大家：组织任命了上级，然后上级根据组织所设定的目标，组织人财物等资源来推动目标达成。因此，从逻辑上讲，团队成员就是上级的资源，他需要你来执行任命达成目标，而不是让你来管教上级、挑上级的毛病。

这样看来，很多职场人士都要好好地检讨一下，过去那些对上级的评头论足，到底意义何在？上级有什么缺点和毛病，关你什么事？有没有摆正自己的位置，想方设法适应上级？那些跳槽过 N 次，至今仍在抱怨上级的职场人士，是不是离这个常识越来越远了？到底是什么蒙蔽了你的双眼，让你在职场中总是选择和上级较劲，总是看不惯上级的所作所为？如果过去错失多次升职、加薪机会，你有没有考虑过，除了你眼中万恶的上级外，自己应该检讨些什么？

适应上级的四个有效行动措施

只有重新理解这个常识，你的职场发展才能真正避开陷阱和误区，进入快车道。为此，我采访了国内数百家企业的管理者，在能否适应上级这件事上，他们有四个非常有效的行动措施，现在分享给大家。

措施一：适应上级的沟通方式

-

作为职场人士，你要问自己：上级倾向于什么样的沟通方式？喜欢什么样的沟通频率，是频率高一点好，还是频率低一点好？他喜欢书面沟通，还是口头沟通？喜欢立即沟通，还是事后沟通？搞清楚这些问题，将有助于你理解上级，获得他的认同和支持，使上下级合作更加顺畅。

措施二：适应上级的工作风格

-

上级是雷厉风行，还是喜欢三思而后行；上级是做事果断，还是考虑周全；上级是追求完美，还是追求速度；上级是注重过程，还是注重结果；等等。搞清楚上级的工作风格，你就能跟上上级的工作节奏，少做无用功，少走冤枉路，这样上下协同的效果会更好。

措施三：永远不要低估你的上级

-

事实上，能成为你的上级的人没有两把刷子是不可能的。只不过，限于时间和机会，你可能还没有真正见识上级的能力所在。因此，不要过早地给上级下定论，也不要过早地在心里给你的上级"判死刑"。况且，上级的很多能力往往会体现在你看不到、想不到的地方。但看不到、想不到，不代表上级没能力，更不能代表上级无法领导你。事实证明，低估你的上级，不会给你带来任何好处，只会让你遇到更多的定时炸弹。

措施四：永远不要让你的上级感到意外

-

除了天大的好事，否则，不要让你的上级感到意外。有人总想给上级意外的惊喜，但不好意思，很多惊喜最终变成了惊吓。换个角度想，如果你是领导者，天天听到下属汇报意外情况，你的第一反应是什么？失控！没错，没有上级喜欢失控状态，他们更喜欢一切尽在掌握中。你如果给他很多意外，他也会还你很多失望。所以，还是不要让上级感到意外为好。

向上管理的三大策略

只要搞清楚这几个真相，你和上级的相处就会平和很多。再遇到棘手问题，你的第一反应不再是对上级评头论足，而是回到自身想问题，找解决办法。你和上级之间就不再是较劲的紧张状态，而是上下协同的合作状态。具体来看，你需要掌握向上管理的三大策略。

策略一：发挥优势，辅助你的上级——他好，我也好

-

从进入团队的那一刻起，你就要告诉自己，你和上级在同一艘船上，上级的兴衰荣辱都将和你密切相关——上级取得好成绩，整个部门都可能跟着沾光；反过来，上级成绩欠佳，对你的职业发展肯定会有影响。因此，全力以赴地辅助上级，达成部门最佳绩效，就成为很多优秀员工的不二之选。为什么？因为那些优秀员工都明白：说到底，那根本就不是在帮上级，而是在帮自己。这才是真正的"他好，我也好"。

作为职场人士，你该怎么辅助上级？

当然是出色完成上级交代的任务。不要隐藏你的能力，也不要刻意伪装自己，因为你的绩效永远是上级绩效的一部分。要想出色地完成上级交代的任务，你需要在任务实施的前、中、后积极与上级沟通，并主动反馈，主要有三步。

第一步，在上级交代任务后，用重复问题的方式，确认上级的需求和期望。

这是被很多下属忽略的一步，也是经常容易出问题的一步，很多人都会想完成任务要紧，因此，接到任务立即行动，但做出的结果往往不是上级想要的，原因何在？

原因是你的自以为是在作祟。你以为懂了上级的意思，你以为明白了上级的需求，你以为时间紧急、必须马上就做。但请注意，这仅仅是"你以为"。如果不在接到任务的第一时间就搞清楚上级的需求和想法，那么接下来的任务执行可能将是累死也白干。因此，在接到任务后，和上级确认需求，就成为关键一步。

第二步，在执行环节，你可能还会遇到问题，怎么办？主动反馈，

即时汇报，不懂就问。

俗话说，计划没有变化快，有时你的执行速度赶不上现实的变化，更赶不上上级想法变化的速度。同样的，在这个时候，你不要自以为是，不要认为询问上级就是给上级添麻烦。什么是上级最厌恶的"麻烦"？是任务没完成、时间没富余、老板很生气。因此，不要怕麻烦，不要怕重复，过程中可以通过反馈和汇报的方式，确认计划的变更和上级的需求变化，使执行有效、结果可控，这才是上级的真正期盼。

当然，你可不能只是简单地问上级，你的需求是什么？这样的问法，只会招来上级的愤怒。你必须带着解决方案提问题，至少有两个选项供上级参考。即便拿不出高质量的方案，也至少要有独立思考的能力，不要人云亦云，不要得过且过。只有这样，上下级之间才能进入有效互动，推动执行，顺利达成结果。

第三步，在完成任务后，如果离上级的期望有差距，一定要问上级，差距在哪里。

好不容易完成了任务，领导满意了，你也累坏了，这个时候就可以完事了吗？不可以。优秀员工往往会和上级一起总结经验教训，特别是要询问上级，所达成的结果与上级的期望之间为何会有差距，上级有哪些好的意见和建议，该如何在下次任务中改进提高，等等。用联想集团内部的方法论来说，就是复盘。复盘的背后，本质还是在提升自己的能力，把一件事的经验教训转化为自己在处理类似问题上的能力，这才是领导眼中真正用心的员工。

除了以上提到的要出色完成上级交代的任务之外，在辅助上级层面，你一定要学会发挥自己的优势，如果还能用自己的优势弥补上级的劣势，那你的职场功力又将能放大一倍。那么，该如何发挥自己的优势？

首先，发现自己的优势，承认自己的劣势。

要发挥自己的优势，当然需要先了解自己的优势。我的优势是什么？这也是著名管理学家德鲁克对管理者"三个经典之问"中的第一问。从组织的角度看，优势能创造价值。因此，发挥自我优势，才是为组织创造价值的首要保障。某种角度而言，我能给组织创造什么价值（优势），与我想给组织创造什么价值（目标），并不都是一致的。越早发现自己的优势，越能给组织创造更大价值，也就越能够被组织和上级认可。

同时，你还需要承认自己的劣势。做到这一点，不是方法问题，而是勇气问题。大多数情况下，人都清楚自己的劣势，但很多职场人士不承认自己的劣势，特别是那些过度追求完美的职场人士，总希望自己在团队中的印象是完美无缺的。其实，这不仅是自欺欺人，也更容易让自己被完美"绑架"。越早地承认自己的劣势，越能够坦然面对真实的自己，也才能更早变得理性客观，这样更容易解放自我，为组织创造价值。

其次，多看别人的优势，限制自己的劣势。

优秀的职场人士不仅承认自己的劣势，而且还会真心认可别人的优势。要做到这一点，也非常不容易。你不仅需要克服人性中的"嫉妒羡慕恨"，还要回到团队发展层面，回到上级的角度去看问题。因此，能做到这一点，说明你的视野、格局和能力都获得了极大提升。

实际工作中，多看到别人的优势，限制自己的劣势，会对你有很多好处。第一，你不需要凡事都永争第一，在关键时刻你可以请求别人的帮助；第二，只有限制自己的劣势，才能克服凡事亲力亲为的冲动，让你节省更多的时间和精力，用到自己更擅长的地方；第三，这会提升你的协作能力，让你提前学会整合团队优势资源，在与同事的协作过程中更好地了解同事，提升团队关系。这些都对你的职场发展大有裨益。

最后，用自己的优势成就团队，用团队的优势达成目标。

站在上级角度，你要问自己，领导要的到底是什么？是需要某个下属来出色地完成任务达成目标，还是需要出色地完成任务达成目标？事实上，领导更需要的是后者。这样说，有点残忍。但，这何尝不是在帮助职场人士提升认知？

没错，上级更关心目标达成。至于谁去做，谁的功劳大，谁的功劳小，谁出力了，谁没出力，这些问题，都属于达成目标后再去关心的问题。如果你能聚焦领导想要的目标，充分发挥自己的优势，不仅能弥补上级的劣势（补位），还能整合团队资源，发现其他同事的优势，借用团队的优势达成最佳目标，这岂不是真正地辅助上级？而且，在这一过程中，你已经将认知、格局和视野提升到领导者的水平，于公于私，这都是真正的成人达己。

既能出色完成上级交代的任务，又能借助自己和团队优势，弥补上级的劣势，达成上级想要的目标，这样辅佐上级，会让你事半功倍。

策略二：积极主动，信任你的上级——求同，可存异

在上一章，我们特别提到了信任感问题。构建信任，不仅是上下级之间的首要工作，还是推进团队目标达成的关键要素。但信任这个词向来都很"贵"，以至于上下级之间建立信任，都快变成一件难以做到的事。阳奉阴违、欺上瞒下，办公室咬耳朵、说八卦，会上不讲、会后乱讲，当面不讲、背后乱讲，等等，诸如此类的现象，都是上下级之间不信任的表现。那么，问题来了：为什么上下级之间会存在不信任？

首先，不熟悉导致不信任。

这很容易理解。你指望公司所有同事都能心有灵犀一点通？这不是太理想，而是太幼稚。这不仅是因为上下级之间的性格、背景、工作经历各不相同，还因为大家对问题的认知、看法和立场各不相同。因此，这会天然带来冲突与怀疑，这也是为什么所有的公司都重视团队建设的一个原因。有效的团队建设，能增加上下级彼此深入了解的机会，越深入沟通，越能消除隔阂，上下级之间的信任就越容易建立。

其次，不沟通导致不信任。

我们常说鸡同鸭讲、对牛弹琴，尽管这种沟通场景效果不好，沟通进展不顺利，但至少也算沟通。可怕的是，很多下属因为性格或情绪问题，不愿意或害怕与上级沟通，有的甚至和上级进行冷战。其实，不沟通才是对双方最大的伤害。不沟通，会让双方彼此猜忌；不沟通，会让双方的信任成本提高；不沟通，会让误解加深。还有，如果你想与上级开始冷战的话，我劝你想清楚：第一，你得准备多少子弹，才能赢得与上级的冷战？第二，你是多么不冷静，非要与上级冷战来证明你是对的？第三，你的时间和精力真的那么不值钱，以至于可以耗费在与上级毫无价值的冷战中？第四，你是多么无聊，难道没有更重要的事要做吗，非要浪费你睿智的大脑和上级冷战？

说这些，完全是想提醒每一位职场人士：做重要的事，做有价值的事，做有意义的事。如果你的职场发展注定要和上级密不可分，那就通过沟通，建立上下级间的信任，进而让你的上级成为你的职场同盟军。这件事比冷战有意思多了。

最后，不冲突导致不信任。

看到这里，有的职场朋友会很奇怪：难道我非要和上级冲突才能建立信任？要是那样的话，我天天和上级吵架。

非也，非也。我想表达的意思是，不敢和上级发生冲突会导致不信任。和上级有不同意见是很正常的事，但是如果从来都不敢把意见表达出来，就不正常了。从管理的角度而言，成本最高的事莫过于，心里明明对上级的决策有意见，但从不告诉上级，而是带着这种分歧去行动，最终这种心里的不情愿会转化为行动的不坚决、不彻底和左右摇摆，以至于影响后续的行动效率。

再说，如果不讲出来你的不同意见，上级怎么能猜得到？如果是为了上级的面子，你可以换一种方式表达你的观点和意见，但最后一定要讲出来。请放心，大多数上级还是能听取不同意见的。哪怕他不同意，但他至少理解你的良苦用心。

因此，上下级之间建立在真诚和原则基础之上的冲突，非但不是坏事，反而对信任是好事。敢于提出不同意见，不畏惧冲突，不逃避冲突，而是主动解决分歧和冲突，才能构建上下级之间真正的信任。

这样说来，与上级建立信任有三个方法。

第一，主动了解上级，并让上级了解你。

了解越多，信任度越强，因此，要尽可能让上级了解你，这既包括你的优势，也包括你的劣势。只有了解了你的优势和劣势，上级才懂得如何更好地发挥你的优势。同时，上级对你的了解越全面、越真实，他对你的信任度就越高。在真实和完美之间，你觉得上级会选择信任哪一个？

第二，和上级多沟通，不仅是工作层面的沟通，还有非工作层面的沟通。

这不是说你要和上级聊工作以外的个人隐私，聊隐私完全没必要，也不该那样做。我的意思是，除了工作沟通，可以在非工作层面做深入的交流。你的职场发展目标是什么，你面临的压力和挑战是什么，你的价值观与性格喜好是什么，等等。这些信息都会帮助上级更好地了解你，减少双方在关键时刻的较劲和冷战，消除彼此的隔阂与误会，更好地增进信任。

第三，要敢于亮出自己的观点。

亮出自己的观点需要更多的勇气，但是只有亮出自己的观点，上级才能了解你的所思所想，特别是你看待问题的出发点。有时，告诉上级你的出发点是什么，比意见本身的分歧更重要。任何组织都是为了把事做好，而不是去证明谁的观点一定正确。当你告诉上级你的意见是什么，你为什么这样想，你的出发点是什么，上级就更能明白前因后果。这个时候，上级也会告诉你，他的出发点是什么，他为什么这样想。这种基于出发点的沟通，会让彼此更信任，会让意见分歧的破坏力大大减少，会让上下级进入良性互动，互相成就，从而构建更长久的信任关系。

策略三：关键时刻，支持你的上级——扛事，更成事

-

有了前两个策略做抓手，你的向上管理之路会变得简单可行。接下来，我再给各位职场人士"加杠杆"，让你的向上管理效果更好、成效更多。这个策略是：关键时刻，支持你的上级。

什么是关键时刻？

公司发布新战略，上级需要听到团队回应的时候，就是关键时刻；组织变革之时，上级需要得到下属的支持与响应，就是关键时刻；公司出现重大原则问题，上级发布了惩罚举措，团队需要更多正面声音，

就是关键时刻；微信群里，上级在号召一件事，对接下来的团队绩效很有价值，需要大家回应，就是关键时刻；新战略在推进时遇到新情况，大家对战略目标充满怀疑，这个时候需要用行动支持上级，就是关键时刻！

优秀的职场人士不仅要敏感地意识到什么才是关键时刻，更要做到关键时刻不掉链子！关键时刻你能不能第一个站出来，能不能快速响应上级的决策，能不能用实际行动支持上级的战略，能不能捍卫公司的原则和制度，能不能提出更多的解决方案而不是旁观论是非，等等，这都叫关键时刻不掉链子。这些对上级很重要，对建立上下级信任更重要。只有关键时刻不掉链子，才能让上级体察到，你不仅有勇气扛事，还能在关键时刻起到表率作用，让上级不孤独，让上级感受到支持和力量。这样的下属，哪个上级不爱？

向上管理，多么痛的领悟。

本章小结

∙∙∙

① 从组织层面看上级，你会有两大发现

- 发现一：上级不是你选的，而是组织选的
- 发现二：是你适应上级，而不是让上级适应你

② 适应上级的四大行动措施

- 措施一：适应上级的沟通方式
- 措施二：适应上级的工作风格
- 措施三：永远不要低估你的上级
- 措施四：永远不要让你的上级感到意外

③ 向上管理过程中，如何辅助上级解决问题

- 第一，在上级交代任务后，用重复问题的方式，确认上级的需求和期望
- 第二，在执行环节，你可能还会遇到问题，怎么办？主动反馈，即时汇报，不懂就问
- 第三，在完成任务后，如果离上级的期望有差距，一定要问上级，差距在哪里

职场说话方法论——向上管理的三大策略

发挥优势，
辅助你的上级
他好，我也好

积极主动，
信任你的上级
求同，可存异

关键时刻，
支持你的上级
扛事，更成事

职场说话工具包——职场发展中，如何发挥自己的优势

1	发现自己的优势，承认自己的劣势
2	多看别人的优势，限制自己的劣势
3	用自己的优势成就团队，用团队的优势达成目标

职场说话场景二

🎙

精准表达
—— 如何远离对牛弹琴的表达错乱

第 5 章

对牛弹琴谁之过

——精准表达的五个雷区

问题导读

1. 对职场人士而言，职场表达难在哪里？

2. 为什么过于纠结性格问题，反而会使职场表达受限？

3. 为什么职场表达的重点，不是表达本身，而是倾听？

4. 如何走出职场表达"不讲人话"的尴尬？

5. 职场表达的常见雷区是什么？

职场要发展，一半靠打拼，一半靠表达。

经常听很多职场朋友讲，工作再难都没问题，但一遇到表达就费劲：说了半天，老板不明白；解释了很久，客户越听越糊涂；好事没说到点子上，坏事恰好撞到枪口上。

为什么表达成为很多职场人士的发展瓶颈？是表达的要求难度高，还是表达的方法有问题？是不敢表达，还是不会表达？在相同的背景条件下，为什么被提拔的职场人士，总是那些善于表达的人？为什么那些技术很强、业绩很突出的员工，却总是因为表达问题丧失很多发展机会？有些员工，对外（客户）表达很出色，但对内（上级）表达很糟糕。还有一些员工，明明工作很出色，但一遇到团队的表达时刻，却无法把自己的工作成果表达出来。

凡此种种，都在困扰着职场朋友。在日常工作中，这种不会表达的痛苦更是如影随形：团队开会质询，你要表达；向上请求支持，你要表达；绩效面谈沟通，你要表达；升职加薪要求，你要表达；就连请假，你也要学会表达，不然上级怎么知道该不该批复？

很多职场人士还会有这样的体会：说了半天，抓不到重点，上级不耐烦，下属没兴趣，自己没底气；遇到团队会议，你有一个非常有创意的想法，但话到嘴边，却不知该怎么表达；还有的朋友，看过很多演讲与口才方面的书，练就了一副好口才，喜欢在团队面前滔滔不绝，但后来发现，自己讲的东西，别人压根不爱听。

职场表达的三个影响因素

由此看来，职场表达还真不是一件容易的事。在我看来，职场表达之所以难，主要受三个因素的影响。

影响因素一：表达的勇气

这往往是很多职场朋友忽略的地方。表达，首先是勇气问题。如果在上级和团队面前都不敢表达，学再多的技巧和方法都没用。具体来看，有两个问题在影响表达的勇气。

一是性格问题。如果性格比较孤僻，从小就是在表达受到压抑的环境中长大，可能会对表达有天生的畏惧感，这样的职场朋友一定会遇到表达的勇气问题。因此，越早意识到这个问题，越早想办法克服恐惧，提升自己当众表达的信心，就越能提升表达的勇气。

二是认知问题。在不少职场朋友看来，做得好比说得好重要。因此，很多职场朋友选择了埋头苦干，这当然没问题。但问题的真相是，职场发展既需要你做得好，也需要你说得好。说得好，不仅关系到你后续的事业发展机会，还关系到你未来如何管理更多人，如何把你的成功经验复制到团队上，如何带出优秀的团队。要做到这些，不仅需要你做得好，更需要你说得好。只有说得好，大家才能听得懂，才能跟上你的节奏，成就更大的事业。因此，如果职场朋友对表达还没有以上的认知问题，那就抓紧改变认知，不仅要追求做得好，还要锻炼说得好。如此这般，你才能成为职场精英。

影响因素二：表达的内容

-

没有好内容，再好的表达也苍白无力。内容是表达的王道，内容好，人们才会认可你的表达，才会觉得你的表达有价值。而好的表达内容，又需要遵循两个原则。

原则一：内容要有用。什么是有用？不是对说的人，而是对听的人。如果你的表达内容和听众们没有任何关系，再好的内容都无济于事，因为人们不关心和他们无关的事。因此，任何表达都必须了解听众，洞察听众的需求，而不是自说自话。

原则二：内容要有料。同样有用的内容，为什么有的受欢迎，有的不受欢迎？答案是：有些职场朋友的内容表达非常有"料"。何谓"料"？即与众不同、别具一格。如果你的表达内容新颖，如果你的内容可以带给听众更多思考，如果你的表达能让听众更有情趣，那么你的表达就一定能胜出。

影响因素三：表达的方法

-

有了勇气和内容，表达也要选择正确的方法。没有逻辑的表达，没有趣味的表达，都会让听众失去兴趣。特别是那些让人昏昏沉沉、不知所云、平铺直叙的表达，更让人厌恶。因此，掌握一定的表达技巧和方法，何时说好消息，何时说坏消息，何时讲故事，何时用数据，何时用倒叙，何时用排比，等等，都属于表达方法问题，这些我们也会在后面的章节中向大家详细解读。

根据以上影响职场表达的三个因素，我为大家总结了职场表达的黄金方程式：表达 = 勇气 × 内容 × 方法。因此，精准表达无非是要解决勇气、内容和方法三个维度的问题。同时，在实际工作中，你还需要根据工作场景的不同，减少表达的"用力过猛"和"用力不足"问题。一旦用力过猛，就会让表达画蛇添足，影响你的意思传递；一旦用力不足，就会让表达虚弱无力，很可能会让别人误解你的意思。因此，既不要用力过猛，也不要用力不足，优秀的职场表达，应该要避开五个雷区。

优秀的职场表达应该避开的五个雷区

雷区一：不看对象

-

不管三七二十一，先表达再说。这是很多朋友在职场表达中遇到的最典型问题。表达不看对象，不仅容易让对方尴尬，更容易引起不必要的误会，让好话变坏话，友谊的小船说翻就翻。对牛弹琴、鸡同鸭讲，基本都是在谈表达对象问题。

表达时为什么不看对象？答案是自以为是。认为自己的出发点好，认为自己的表达没问题，认为只要自己说清楚就行了，至于对方明不明白、清不清楚，那是他的事。这三个典型的"自以为是"，就会使不看对象的表达结果很糟糕、后果很严重。

就连大名鼎鼎的马云，也曾在这上面栽过跟头。早年的马云去北京推广中国黄页，由于业务的需求，他要到部委机关谈合作。有一次，马云到某机关办事部门推广业务，见面后，马云立即和对方介绍中国黄页的业务情况。还没等到他把话说完，那位办事人员说："这件事情你应该先约，办事程序应该先约。"搞得马云满脸狼狈。

就马云而言，他犯了表达的大忌：不看对象、上来就讲、滔滔不绝、但对方不感兴趣。这就是不看对象的表达。在这方面，口才越好、水平越高，越容易出问题。你有很多话想说给对方听，关键是对方不感兴趣，这种情况下，表达得越多，对方越反感、情况越糟糕。

再比如，作为公司的中层人员，往往扮演着上传下达的角色。上级交给你的任务，你需要给下属进行工作委派，当下属完成任务时，你需要向上级汇报工作。同样一件事，你在面对上级和下属时，表达方式各不相同。比如，你向上级汇报工作时，一定要知道上级的关切点在哪里，最好先说结论，再说过程，先汇报上级关切的内容，少汇报或尽量不汇报上级不关心的内容，千万别滔滔不绝说个没完。而在给下属委派工作时，你也要知道下属的担忧在哪里，如果你只是传声筒，把上级告诉你的这些工作的战略意义、对公司的价值、对团队的价值重复给下属听，那么，这样的表达肯定效果不佳。为什么？因为你表达的这些内容并非下属关心的。下属更关心的是为什么选我来做，对我有什么价值，需要什么时候交差，能给我什么资源支持，等等。如果你不了解下属的这些诉求，一味地进行自以为是的表达，结局一定不怎么好。

因此，表达一定要先看对象。分清对象再进行表达，可以帮助你节省时间、减少误解，让表达事半功倍。

雷区二：不抓重点

-

职场中，你有没有见过这样的人：说话声情并茂、绘声绘色，情节起承转合，但就是有一点不好——你听了半天，不知道他想讲什么。一会儿这件事，一会儿那件事，前言不搭后语，你实在搞不懂对面这个家伙想说什么，只希望早点结束眼前的谈话。

不会抓重点，是很多职场人士在表达中遇到的又一个典型问题。就这个问题，我专门请教了上百位优秀的职场人士，他们告诉我，很多人之所以抓不住重点，有三个原因。

第一，讲话前就没想清楚和对方说什么，想怎么讲就怎么讲，至于是否会耽误别人的时间，压根就不在这类人的思维里。

第二，很清楚自己想说什么，也懂得别人想听什么，但就是不懂得如何进行逻辑化表达，如何才能把一件事讲清楚，于是只能想到哪里说到哪里。

第三，清楚自己想说什么，也懂得如何表达更有效，但因为想说的重点太多，结果整个表达让听众误解了重点或弱化了重点。信息量过大、重点过多的表达容易让人疲惫不堪。

某电视台的王牌节目《非你莫属》，也给我们展示了很多抓不住重点的职场表达场景。比如，面试官明明在意经验问题，应聘者却在强调自己的潜力有多高；面试官希望对应聘者过去的工作经验深入了解，应聘者却还是轻描淡写，总拿职业规划说事，导致驴头不对马嘴；面试官希望应聘者描述某个具体场景下的问题解决，但一些应聘者还是停留在大的原则和方法论上，没有给出实际的解决方案。这些抓不住重点的表达，不仅会影响面试官对应聘者的客观评价，还可能会让应聘者错失很好的工作机会。这才是职场中不会表达的真正代价。

大家可以站在上级的角度想一下，如果你的某位下属表达总是抓不住重点，你会怎么想？要么会认为他能力有问题，要么会认为他不真诚，故意避重就轻。无论哪一种，都会让他的职场发展经历更多的坎坷不平。

雷区三：不讲"人话"

-

这个雷区的杀伤力巨大，不仅会造成人们的费解，还容易让听众产生厌恶心理。那么，什么是"人话"？

所谓"人话"，就是通俗易懂的话，听众听得明白的话，不需要太多专业背景就能听得懂的话。它的反义词，包括官话、套话、特定术语和复杂的话。还有，那种对着外行人讲内行话，满嘴名词和术语，唯恐别人不知道自己专业，让听众一头雾水、百思不得其解，也是不讲"人话"的一种表现。因为真正的专家都能把复杂的问题简单化，让别人很容易理解。据说，诺贝尔文学奖获得者莫言，在创作小说的时候也喜欢读给母亲听，如果母亲听得懂、不费力、能明白意思，那就说明写得好。讲"人话"的表达，才是正确的表达。

也有很多职场朋友告诉我，他们最讨厌那种天天不讲"人话"的员工。在他们看来，员工总是不讲"人话"，要么是因为真不懂，拿名词和术语给自己装门面，让人看起来感觉很专业，实际上很业余；要么是因为不尊重对方，拿冷冰冰的专业来压人，显得自己技高一筹。无论是哪一种，遭人恨是免不了的。

郭德纲有一个叫《我的大学生活》的相声作品。内容大致是一位物理学专业的学生，眼睛不舒服去医院看病。看诊的医生问他眼睛怎么了，他说："大夫啊，我这个眼睛啊，这个光线投射到物体上面，再反射到我的瞳仁上面的时候，总是在这个物体的本体旁边产生一个对等的像，而且这个像和这个本体并不是分离的，而是呈现一种交集的现象，你说我这是怎么了？"

大夫听完之后，想了半天说："你是看东西'重影'吧"。

我想，大家除了好笑，肯定能感受到不讲"人话"带来的表达困境和尴尬。职场中，把复杂的事简单说是水平；把专业的事通俗说是水平。反过来，把简单的事情说复杂，把通俗的事情说专业，那真的是水平不高的表达。说"人话"，不说套话，不说空话，不讲官话，不讲自己都不爱听的话，恐怕是职场表达的基本原则。

雷区四：不懂倾听

-

表达，应该是双向的，而不是单向的。因此，优秀的表达，不仅要学会说话，还要学会听。倾听对方的问题，倾听对方的需求，倾听对方的意见，缺少了倾听这一环，表达就会陷入自说自话的尴尬境地。在表达中，你需要掌握几个关键时刻的倾听。

第一，不确定听众对内容感兴趣？停下来，进行倾听。

无论你之前对表达做过多么充分的准备工作，在正式表达开始后，都要再次确认，听众是否对你所表达的内容感兴趣。要知道，事前的准备总会存在偏差，在表达过程中不断修正这种偏差，会让你的表达更出众，效果更好。因此，倾听是为了更好的表达。

第二，感受到听众对内容有异议？停下来，进行倾听。

表达过程中，你不能眼睛只盯着PPT或电脑屏幕，而是要和你的听众做眼神交流。如果你从听众的眼神中看到了异议，而且这个异议会对你接下来的表达有影响，那么，不妨停下来，通过提问或者互动的方式了解听众的异议和问题。这样做，至少能帮你确认问题所在，从而让你在后续的表达中有所侧重，也将帮助你更好地进行精准表达。

第三，感受到听众对内容有共鸣？停下来，进行倾听。

如果你在表达过程中感受到了听众的共鸣，那么，也不要放过这个机会，你可以通过倾听，了解听众的共鸣点是什么，这将会帮助你强化后续的表达思路和策略，让表达效果更出彩。同时，有时你认为的内容共鸣和听众实际感知的内容共鸣，往往不是一码事。所以，通过提问和倾听的方式，确认这种共鸣点，这将有助于你后续的表达更到位。

另外，倾听还有一个重要的使命：让你的表达更全面、更透彻、更清晰。通过倾听，表达者可以有效了解对方的意见和观点，然后对照自己的意见和观点，去分辨哪些内容需要修正哪些不用，哪些内容讲到了但对方没理解，哪些观点可以不用再表达，等等。你有了一个清晰的判断，就会减少后续说错话、乱讲话、说无关的话的犯错机会，这何尝不是在帮你改进表达呢？

雷区五：不留余地

-

表达不留余地最大的原因是：表达者对自己的内容很自信，对效果很有信心，认为自己的表达很准确、很清晰、观点很正确。但是这种不留余地的表达又恰恰忽略了一个现实：一不小心，掉入了自以为是的坑。

首先，除了那些放之四海而皆准的科学定律外，大多数人的日常表达都无法用对错本身来评价。任何结论都必须有前提假设，都必须有前置条件。如果忽略这些前提假设，我们可能会得出相当武断的结论，用这些结论去说服人，引起的争议将更多。

其次，由于立场和认知不同，人们对同一件事的判断可能会截然相反。比如，站在老板和公司的角度，企业裁员这件事可能是为了整体利益而做出的正确决策，但站在那些被裁员的员工角度，这很可能就是公司对他们的一次打击。再比如，你想和上级谈加薪。在你看来，过去的工作勤勤恳恳、任劳任怨，加班这么多，工作这么好，加薪是自然而然的事。但在上级看来，你可能只是工作勤奋，但不代表业绩突出，也不代表创造了非凡的成就，既然如此，为什么要给你加薪呢，难道就因为你加班多？这就是立场和认知不同带来的不同结论。

不留余地的表达还忽略了另外一个变量：时间。很多问题随着时间的变化，它的主要矛盾和解决方式都会发生变化。在当下紧急迫切的事，过一段时间可能就变得无足轻重。如果你不留余地地表达结论，过一段时间，就会出现新的问题，到时再向上级解释，就真的有点迟了。

只有跨越这五个雷区，你的表达才能清晰明了。

本章小结

① 职场表达三大影响因素

- 影响因素一：表达的勇气
- 影响因素二：表达的内容
- 影响因素三：表达的方法

② 职场表达的五大雷区

- 雷区一：不看对象
- 雷区二：不抓重点
- 雷区三：不讲"人话"
- 雷区四：不懂倾听
- 雷区五：不留余地

③ 职场表达中，抓不住重点的三大原因

- 原因一：不了解表达对象的诉求
- 原因二：没掌握系列表达的逻辑
- 原因三：内容过多，没能进行取舍

职场说话方法论——
职场表达中的三大关键倾听时刻

1	不确定对方是否对内容感兴趣？停下来，进行倾听
2	感受到对方是否对内容有异议？停下来，进行倾听
3	感受到对方是否对内容有共鸣？停下来，进行倾听

职场说话工具包——
职场表达中，如何提升讲"人话"的水平

Step 1
了解表达对象
的倾听诉求

Step 2
确定表达对象
的相关背景

Step 3
用故事、案例
来说明观点

Step 4
用提问、重复
来提升理解

第 6 章

先听后说会提问

——精准表达的三个要点

问题导读

1. 哪些工作场合非常注重精准表达?

2. 如何在时间受限、场合受限的情况下进行精准表达?

3. 如何通过换位表达提升职场竞争力?

4. 如何避免出现"想不清楚就表达"的职场尴尬?

5. 如何进行有效的职场精准表达?

避开了表达的五个雷区，你又该如何进行精准表达？

精准表达的三大原则

所谓精准表达，不能啰唆，不能含糊，不能语焉不详。你的表达，应该要让上下级和同事快速理解你的意图，应该要最大程度地争取别人的支持，应该在最短的时间内说清楚，并让对方听明白。为此，你必须掌握三个原则。

原则一：结论先行

-

有一本风行业界和职场的书，名字叫《金字塔原理》，介绍了全球著名管理咨询公司麦肯锡的工作方法论。其中，它就特别提到了"结论先行"的法则。

为什么要结论先行？

首先，开门见山，让对方清楚你的意思。很多人喜欢让别人猜自己的想法，想想看，别人怎么可能完全猜到你的意思？即便是能做到，为什么双方要把时间浪费在无端的猜测上呢？其次，结论先行，可以减少对方的误判，如果对方已经对你的表达失去兴趣，还怎么指望他耐着性子听完你的表达？最后，减少跑题的可能性。我们见过很多职场人士，不知道是他的表达技巧问题，还是逻辑混乱问题，说了半天，我们依然不懂得他的意思。或者，他一口气表达了很多观点，但我们抓不住重点。这些表达都将影响彼此的沟通。

因此，结论先行的原则，在减少上下级误判、提升跨部门沟通效率、增进外部客户关系等层面，都有着较强的实践价值。在史蒂芬·柯维的那本畅销书《高效能人士的七个习惯》中，作者特别提到了"以终为始"的思维习惯，在我看来，这也是"结论先行"的一种转换。

原则二：点不过三

-

如果注意观察，我们就会发现：那些善于精准表达的职场朋友，往往最多用三个要点来论证自己的观点或说明自己的理由。

为什么是三个要点？说实话，我查阅了很多资料，目前为止还没有找到答案。但在实际工作中，我见过很多管理者讲话的时候常常说三点；很多优秀的职场朋友，在向上级汇报的时候也会说三点；提交业绩报告和质询资料的时候，也会提三点。《道德经》上也说"一生二，二生三，三生万物"，既然老祖宗都这么说，我们就好好用吧。

从逻辑上讲，超过三个要点的表达带来的最大风险，就是听众记不住，这与我们大脑的进化有关。同时，站在表达者的角度，让自己在三点内表达清楚自己的观点，可以更好地帮助表达者抓住重点、理清脉络、按照听众的理解层次进行表达，最终会使表达的效果更好。还有，表达往往会受到时间、听众的理解层次、双方的立场差异等各种因素的影响，这种情况下，表达者可能无法把自己的观点全都事无巨细地讲出来，因此，简化表达、优化表达、有的放矢地表达，对双方都很有价值。

当然，如果你的表达内容很多，只用三点无法囊括你的全部要点，你当然可以有更多点的表达。只不过，我要提醒的是，随着表达内容要点的增多，听众的理解和吸引会同步递减。如果非要做多点表达，我也非常建议你把最重要的内容尽可能在表达的前三点讲清楚，这样就可以防止听众走神或者内容太多记不住的情况发生。

原则三：换位表达

-

表达中最难做到的事，莫过于换位思考和换位表达。在工作中，我们见过太多口才一流、滔滔不绝，但就是表达完后无人响应、没有任何效果的情况发生。原因之一就是表达者没能做到换位思考，没能站在对方的角度去考虑问题，没能从前文提到的"以终为始"出发进行表达。想想看，你之所以进行表达，是为了达成某一个结果，如果听众们完全不感兴趣，那你的结果如何才能达成？

与换位表达相对应的是自说自话。或许是多年工作习惯的原因，很多职场人士习惯了自说自话。比如，在他看来，只要把自己想表达的说清楚就好了，别人理不理解、接不接受是另外一码事，只对表达本身负责，不对表达的结果负责；再比如，很多人经常站在自己的立场进行表达，对方的专业背景是什么，是否能听明白，是否是对方所关切的话题，等等，这些都不在表达者的意识圈。当然，你也会发现，和自说自话的表达者沟通会非常痛苦，他们永远都不会关心你想要什么，也不关心你是否听得懂，跟他们说话，会让人有种想逃离的感觉。从某种程度而言，自说自话式的表达也是对听众的一种伤害。

以上三个原则，是很多优秀的职场人士在表达时所实践的行为准则。掌握这三个原则，并内化为自己的表达习惯，将会让你少犯错误、降低成本、提升表达效果。反过来，如果没有按照这三个原则进行表达，那么，给你带来的最大可能是：内容过多、缺乏逻辑、脉络不清，最重要的是，可能造成对方的误解或理解困难，从而使你的表达远离最初的预期。为了让大家更好地应用这三个原则，我总结了职场精准表达的三个步骤。

职场精准表达的三个步骤

步骤一：Think——想清楚

-

磨刀不误砍柴工。过去，很多职场朋友总是把全部重点放在如何表达上。岂不知，如果大脑空空没什么思路，也没想清楚，拿什么进行表达？没想清楚就进行表达，要么说错话，要么说不清。总之，后果很严重，对方很生气。

没有想清楚就进行表达，还容易引发误解。比如，你负责的某个项目遇到了困难，需要到上级那里争取资源支持。如果采取上述的"换位表达"原则，首先你要思考上级最关心什么，上级的利益关切点是什么，在什么情况下上级会全力以赴地支持你，等等。如果表达之前你花一点点时间考虑一下，那么表达的效果就能如你所愿。但事实恰恰相反，我见过很多职场朋友，遇到这种情况，一上来就给上级摆问题，罗列完问题后要求上级给予资源支持。这个时候，你觉得上级的感受是什么？

很多上级告诉我，他们的感受是：这样的下属不想承担责任，不思考解决方案，总想依赖上级给予支持，这不是明显的"甩锅"吗？我想，上级的这种感受一定不是下属表达之初的期待吧。

这就是典型的不想清楚就表达。要避免这样的尴尬，在表达之前，你需要问自己三个问题。

第一，我想要什么？

是仅仅表达观点，还是希望获得对方的回应？是想和对方取得谅解达成一致，还是期待对方做出承诺？是试图说服对方同意你的观点，还是期待得到对方开诚布公的意见和建议？

这和前述的"结论先行"的原则一致，也是"以终为始"的具体表现。确定好自己想要什么，永远都是表达之前最需要考虑清楚的。如果没想清楚这个问题，要么延缓表达，要么回到自己表达的初衷，勾画自己的问题清单，然后找出当下最重要的问题。这也是一种行之有效的方法。

第二，对方想要什么？

比如，对方是谁？对方的需求是什么？对方的专业背景怎么样？对方的最大关切点和底线是什么？对方对什么感兴趣，对什么不感兴趣，等等。搞清楚对方想要什么，会让你后续的表达事半功倍。

这和前述的"换位表达"原则高度一致。用稻盛和夫的话讲，先利他，然后才能利己。如果知晓了对方的诉求，然后从对方的诉求出发，梳理自己的观点、逻辑和脉络，表达就更容易达成一致。比如，某卫视的名牌节目《非诚勿扰》，如果你仔细观察那些成功牵手的男嘉宾，就会发现他们都有一个特点：他们的表达方式不是自说自话，也不是滔滔不绝，而是通过某些细节、场景和行为，展现自己对另一半的良苦用心。即便是礼物选择、才艺表现、难题应对等环节，那些优秀的男嘉宾也都会从"意中人"的需求出发进行表达，给对方想要的安全感、激情、责任感，有担当、才华和能力等关键要素，最终"抱得美人归"。

因此，想清楚对方想要什么，然后从对方的需求出发，结合你想要的结果，理清思路和脉络，才能让后续的表达如鱼得水。

第三，表达的底线和边界是什么。

底线和边界，就是表达的尺度。所谓过犹不及，什么该说，什么不该说，什么内容可以缓缓再说，什么观点说了还不如不说等不一而足。因此，在表达之前，想清楚自己的底线和边界，会让你的表达更科学、更到位。

底线和边界不是绝对的，要分具体的场景和情况。比如，你向死党表达，不用藏着掖着，而是想到什么说什么，唯一的底线和边界就是真诚表达；再比如，你和刚刚发生冲突的同事进行表达，如果对方还在情绪状态，这个时候想彻底解决问题显然很难，这种情况下的底线和边界，就是尽量让对方回归理性，减少在感性层面的进一步刺激和对抗；再比如，团队连续遭遇挫折，绩效下滑士气低落，如果你是管理者，这个时候的表达，应该着重在激励士气、振奋人心层面。不给团队造成进一步的打击和伤害，就成为此时的表达底线和边界。

在职场中，该如何把握表达的底线和边界？我给大家总结了六个操作要点：第一，和双方当下问题无关的议题，不说；第二，和双方角色不相关的问题，不说；第三，长期有影响，但短期非重点的事，少说；

第四，明确责任和分工的事，要准确地说、重复说、重点说；第五，有意见分歧的事，重点说、说明白；第六，缓和气氛和增进关系的话，看情况说。

步骤二：Speak——说明白

-

说明白，是精准表达的核心。如果前面的考虑都很到位，可就是关键时刻说不明白，那再好的准备工作都无济于事。怎么才能说明白呢？有三个关键点。

第一，要用对方听得懂的语言说明白。

既不要对牛弹琴，也不要鸡同鸭讲。作为表达者，你要根据表达对象的不同，调整表达方式。职场中，如何做到"用对方听得懂的语言"进行表达？

首先，你需要更加了解表达对象。了解表达对象的角色、岗位要求、工作方式、工作风格等。如果对方在某项技术层面是彻底的外行，而你的表达全都是专业术语，那么，最后对方肯定听得一头雾水。反过来，如果对方是行业专家，对技术了解很深，这个时候，你千万不要说外行话，要用专业的逻辑简单明了地表达清楚。

其次，你需要借助多种表达形式。表达并非全靠语言。职场中，你需要借助多种表达方式来将自己的观点说清楚。符号、文件、幻灯片、图片甚至白板书写，将你的观点、想法和意见，形神兼备地表达出来。用多种方式表达，更能确保对方听得懂。

第二，要运用停顿的方式，确认对方听明白。

口才好，一定等于表达能力强吗？未必。

千万不要让好口才变成自说自话，变成一个人的独角戏。要搞清楚，你是要通过表达来解决问题，而不是证明自己口才好。因此，请务必放弃那种自恋式的自说自话表达方式，也不要那种滔滔不绝不给对方思考空间的表达方式。既然是表达，就要确保对方听得懂、听明白。这个时候，你需要掌握另一种表达要点，那就是停顿。

在何时停顿，在什么情况下停顿，在停顿时做什么，明确这些对表达者十分重要。停顿的初衷，是为了接下来更好地表达，是为了让你的表达更好地达成预期结果。因此，关键时刻请停下来，你可以询问对方是否听明白，确认对方是否有不同意见，了解对方的理解水平，等等。这些关键信息的获得都有助于你接下来的表达进展。比如要不要转换表达方式，要不要调整表达次序，要不要修正表达的底线和边界等，都可以在停顿之后得到更好的答案，从而确保最后的问题解决。

有句话说，停下来，是为了更好地出发。关键时刻停顿一下，是为了接下来更好地表达。

第三，要用场景化的表达方式，让对方听明白。

如果实在说不清楚，怎么办？这个时候，你需要学会灵活应用案例、故事、细节、事实和数据等场景化方式，全面系统地表达观点。

设定场景很重要。特别是那些抽象的技术概念，如果仅仅靠语言表达往往会显得很枯燥，对方理解起来也很困难。这个时候，如果能通过案例和故事的方式，让对方进入某个特定场景，通过场景来引导思路，继而把之前抽象的概念和方法论进行形象化表达，才能切中要害，更好地让对方理解。

场景化表达还有一个好处是可以与对方互动。要做到精准表达，必须是双方同频共振，而绝不是唱独角戏。因此，通过场景化表达，引导对方进入某个具体场景，无论是针对所表达观点的理解，还是后续操作中可能遇到的问题，双方都能进行互动和讨论，减少后续的误解和沟通成本，这何尝不是一种有效的表达策略呢。

步骤三：Ask——问到位

-

表达中，如果不会提问，不懂提问，那么，你可能会遭遇孤掌难鸣的情况，导致无效表达。那岂不是背离了表达的初衷？

很多情况下，问正确的问题比答案本身更重要。作为职场人士，提问也是表达过程中的必修课。问什么、何时问、问题的深浅、提问的顺序等等，都是提问中要考虑的细节。

在表达中，提问有什么用？

第一，通过提问，你可以确认对方是否听明白。

有时你以为对方理解了，其实对方可能一点都没听进去。因此，通过提问的方式，你可以检验之前的表达效果，避免陷入无效表达。

第二，通过提问，你可以改进自己的表达方式。

如果对方一知半解，你可能要改进自己的表达逻辑；如果对方理解错了，你可能需要引入场景化表达来说明问题；如果对方有不同意见，你可以在后续表达中着重就异议部分重点说明。总之，提问可以大大改善后续的表达。

第三，通过提问，你可以真正让表达以对方为主角。

更好地确认对方的关切点，调整自己的表达脉络和逻辑。这样的表达，更容易达成预期效果。

提问时，你还要做两个动作：

第一，及时做出回应。

如果对方的理解正确，你要及时给予确认和认同；如果对方的理解有误，你要给出正解，及时消除误解，避免后续表达时的错误理解。

第二，做到有效倾听。

要快速记住对方的问题要点，不断和自己的表达诉求相对照，找到共同点和差异点。尤其是针对双方的差异点，你要思考是理解问题，还是立场问题，要不要停下来协调立场，是求同存异，还是马上交换意见，等等。这些都需要有效倾听。只有听进去对方的问题和意见，你才能更好地回应对方。

想清楚、说明白、问到位。掌握了这三点，职场中的精准表达才能事半功倍。

本章小结

① 职场精准表达的三大原则

- 原则一：结论先行
- 原则二：点不过三
- 原则三：换位表达

② 要做到精准表达，开口之前要确认三个问题

- 问题一：我想要什么
- 问题二：对方想要什么
- 问题三：表达的底线和边界是什么

③ 在精准表达中，如何做到"把话说明白"

- 关键点一：要用对方听得懂的语言说明白
- 关键点二：要运用停顿的方式，确认对方听明白了
- 关键点三：要用场景化的表达方式，让对方听明白

职场说话方法论——如何把握精准表达的底线和边界

1	和双方当下问题无关的议题，不说
2	和双方角色不相关的问题，不说
3	长期有影响，但短期非重点的事，少说
4	明确责任和分工的事，要准确说、重复说、重点说
5	有意见分歧的事，重点说、说明白
6	缓和气氛和增进关系的话，看情况说

职场说话工具包——职场精准表达的三个步骤

Step 1
Think
想清楚

Step 2
Speak
说明白

Step 3
Ask
问到位

有话好好说

第 7 章

开会是个技术活

——如何开好五种典型会议

问题导读

1. 为什么很多公司会陷入到"文山会海"的低效状态?

2. 职场会议中,我们往往会扮演哪三种典型角色?

3. 如何在职场会议中争取更多的同盟军,减少阻力?

4. 如果不是会议的主角,如何当好会议的配角?

5. 常见的职场典型会议有哪五种类型?

在职场表达中，最常见的莫过于开会。

提到开会，很多职场朋友就头疼。开会没意思、开会很无聊、开会浪费时间、开会没效果，简直成了职场会议的四大罪状。回想下，上周你有多长时间用在了各种会议上？这些会议，你都愿意参加吗？哪些会议你觉得没什么收获？哪些会议你觉得当时的表现欠佳？既然很多会议"人人喊打"，那么职场可以不开会吗？你有没有想过，开会也是一种表达，要是不懂开会，在职场简直寸步难行。该如何提升开会时的表达水平？

工作汇报，要开会；项目进展，要开会；头脑风暴，要开会；跨部门沟通，要开会；就连升职加薪，也要开会。对很多职场朋友而言，所谓工作时间，一大半都拿来开会了。而且有一种奇怪的现象：职位越高，越"喜欢"开会（不确认是真喜欢还是假喜欢）；职位越高，开会时间越长。这种情况下，你是否认为开会一点都不重要，重要的是，如果你的上级认为开会很有必要，那么，你只能乖乖地参加会议。这就是开会的现实。

对职场人士而言，为什么开会很重要？

首先，开会本质上是一种集体决策方式。哪怕是上级领导已经确定了目标，也要通过开会的方式，和大家沟通决策的来龙去脉，以便后续执行落地。

其次，开会是一种上下级沟通方式。一对一沟通往往非常耗费时间，而团队会议这种方式就可以集中讨论问题，呈现大家的意见和分歧，便于团队行动协调一致。

再次，开会也是一种解决问题的途径。所谓群策群力，就是想办法发挥团队的力量，激发团队成员的参与感，找到解决问题的最佳路径。这要比一个人冥思苦想有效得多。

最后，开会还能系统呈现和总结团队成员的优势和经验，把员工个体的智慧转化为群体智慧。因此，很多公司把开会做成一种非正式的培训也是基于以上考虑。

会议中的三种角色

这样说来，开会对组织和团队成员的价值都很大。职场会议的形式很多，也没有那种放之四海而皆准的通用会议法则。回到开会本身，要想开好会议，首先要做的，就是明确你在会议中所扮演的角色。一般而言，会议中有三种角色。

角色一：会议主导者

-

顾名思义，你是会议的发起者和召集人。会议开得怎么样，有没有成果，会议的氛围和参与度如何，这些棘手问题通通都属于会议主导者的职责范畴。

作为会议主导者，你一般会遇到两种情况：第一，你是会场里的权力拥有者，有考核、奖惩、决策等关键权力，位置高高在上，可以说了算；第二，你只是某项工作的负责人，并没有高高的头衔，会场中到处都是比你权力更大或职位更高的同事，想推进决策必须取得他们的支持。这两种情况下，开会的侧重点和推进方式略有不同。

第一种情况，你可以动用权力的方式推进会议，毕竟大家都要听你的，但这样做的问题是你不知道大家心里是不是真的在支持你；第二种情况，你需要花费更多的时间来说服领导，要在不同领导的关切中，找到共同点，从而推动会议决策。这种情况下，会议主导者的难度更大，但最终达成的共识却能反应各方意见，执行难度降低。当然，无论是哪种情况，作为会议主导者，你都需要做好三件事。

第一，考虑会议的预期成果。

会议主导者要对会议最终成果负责。因此，你要特别清楚会议的预期成果是什么，为什么要召集这次会议，你最不希望看到的结果是什么，什么会成为会议推进的阻碍因素，大家最易达成共识的地方是什么，哪些问题可能引发分歧和讨论，等等。

第二，分清会场的支持者与反对者。

很难说大家都是某一场会议的支持者，有支持者和反对者才是会议的常态。作为会议主导者，你要清楚会场的支持者与反对者分别有哪些；针对支持者你该做些什么，是否认可并肯定他们的支持，从而推进会议成果达成；针对反对者，你要预先设想他们的反对意见是什么，应对策略是什么。

当然，不要把反对者提出的意见当成对你本人的意见。作为会议主导者，你有责任和义务听取反对意见。你要做的永远都不是显示自己的英明神武，而是如何拿到会议的最佳成果。因此，你要学会从反对者的意见中吸取经验，多去考虑他们意见的合理性，换位思考他们的方案。用反对者的意见使你的决策更科学、方案更合理，这是会议主导者的应有之义。

第三，确定会议的边界和条件。

任何会议，都要有边界和条件。在组织中，不能每次开会都讨论战略目标，也不能每次开会都讨论完全一样的话题。确定好每次会议的边界和条件，就可以有效避免会议跑题的情况发生，减少冗长且没有价值的讨论，从而保证会议集中、有效。

我们经常看到的一种现象是：会议室讨论得热火朝天，发言人已经手舞足蹈，参与讨论的同事也兴奋得不得了了，但大家的兴奋点和今天所讨论的话题没有任何关系。我们经常在不知不觉中偏离了既定的主题，讨论一些轻松愉悦的话题（因为没有压力）。当然这也是很多人逃避现实压力的本性使然。

可以说，跑题是会议中的大概率事件。那遇到这种情况该怎么办呢？作为会议主导者，你必须头脑清醒，时刻想着本次会议的主题和议程，不要让话题扯得太远。从议程、议题、发言时间、议事法则出发，管控好整个会议进程，既不要死气沉沉，也不要总是跑题。这是会议主导者的主要使命之一。

角色二：会议参与者

-

在你参加的大多数职场会议中，你都可能是会议参与者这个角色。

会议参与者，言外之意就是会议的利益攸关方。既然是利益攸关方，你就要特别留意，如果不能在会议中亮明观点、捍卫立场、说出你的顾虑和担忧，那么，会议的最终成果可能对你不利。

因此，不做沉默者是会议参与者的基本前提。沉默意味着默许，意味着不发声，意味着别人默认你同意。在这种情况下，你就失去了作为会议参与者的意义所在。要知道，好的决策往往都是各方博弈的结果。会议作为一种群体决策方式，目的之一就是把决策的潜在风险、各方分歧、替代选项、其他不确定因素等呈现出来。只有呈现出来，才能发现问题，形成最佳决策。因此，那种彻底一边倒、没有任何反对声音、只会点头鼓掌的会议，往往都很难形成科学的决策。显然，不做沉默者，不做附和者，围绕角色和原则，做一个独立思考的会议参与者，才是你对团队和组织的最大贡献。

这样说来，我们就需要做一个"积极的会议参与者"。为此，你可以做三件事。

第一，提前了解会议主题与会议主导者的想法。

既然是主导者发起的，那么会议的主题是什么，本次会议的初衷是什么，会议主导者希望借此会议达成的预期成果是什么，可能会遇到什么样的困难和阻力，此前是否开过类似会议，会议的成效如何，等等。对这些问题了解得越深，就越能和会议主导者同频共振，更好地参与到会议中去。

第二，明确会议和自己的关系及预期成果。

从自身的岗位和角色出发，根据会议主题，找到自己和会议的关联点。问问自己，在这些问题上，自己的底线是什么，期望达成的结果是什么，可以为会议贡献什么样的意见，可能会遇到什么挑战，应对措施是什么，等等。

第三，准备好你的意见和建议。

你有哪些事实和数据能佐证你的观点？针对会议主题，你有哪些意见和建议，你能想到的最佳解决方案是什么？针对其他会议参与者的分歧，你有什么好的改进措施？会议中有哪些关键人，他们的意见是什么，可能会有哪些支持者和反对者，可以通过哪些方式形成共识？等等。把这些弄清楚，你作为会议参与者的价值会得到最大发挥。

角色三："打酱油"者

-

其实，本不应该有"打酱油"者这种角色。严格来说，一场会议，要么是会议主导者，要么是会议参与者。那些和会议无关的人，本就没有参加会议的资格。那怎么还会出现"打酱油"的人？

更确切地说，称呼他们为"不作为的会议参与者"可能更恰当。之前我们讨论过，凡是参加会议的人都将是会议的利益攸关方，既然如此，大家就应该做一个积极的会议参与者。但事与愿违，我们经常会在一场会议中看到"不作为的会议参与者"。他们要么全程不发言，只会点头和跟随；要么低头看手机，连别人讲了什么都不知道；要么没有任何想法和贡献，就像从来没有在会议中出现过那样。

为什么会有"打酱油"的人？原因之一，他们是被动的会议参与者，之前从没认真思考过参会的基本问题，只能随大流；原因之二，他们在会议中插不上嘴，轮到自己发言的时候，也好像没什么可说的；原因之三，从内心来讲，他们就是不想参加，也从没考虑过会议和他们本人有什么关系，因此，全程扮演了"打酱油"的角色。

职场中的五种典型会议

要么成为会议主导者，要么成为积极的会议参与者，千万不要成为会议中的"打酱油"角色。只有这样，才能让会议带给自己更多价值。在搞清楚自己担当的会议角色基础上，你可以针对不同的会议类型，制定不同的开会策略。具体而言，职场中往往会有五种典型的会议。

上传下达的通报会

-

既然是上传下达，既然是情况通报，那么说清楚、讲明白、让大家听进去，就是会议的核心任务。

因此，如果你是会议主导者，需要提前准备好要通报的信息，在允许的情况下准备书面材料，便于大家边听边看，更容易提升会议效率。如果你是会议参与者，那么，在听讲的过程中，把自己有疑惑的地方，以及和自己的岗位与部门密切相关的议题与内容重点记录下来，便于后续发言和讨论。

同时，如果你是会议主导者，一定要记得留出时间听取大家的反馈。上传下达不是目的，你真正想要的是最终的会议落实。通过听取大家的反馈，你可以确认大家是否对会议内容有误解，是否有疑虑，是否有意见分歧，是否有好的解决方案，等等。做到这些，你才能保证大家信息理解准确、行动措施靠谱、后续落实有保障，达到会议的预期结果。

团队建设的沟通会

-

顾名思义，这类会议的主要任务是团队建设。因此，提升团队凝聚力，提高团队战斗力，就是这类会议的主要目标。

如何凝心聚力？前提是让大家敢于讲真话，讲出内心的真正想法，讲出原有的意见分歧。只有说出来，才有可能消除误会和冲突，进而凝聚共识和人心。这是团队建设会议的初心。既能创造畅所欲言的气氛，还能让大家说出内心的想法，这样的会议有难度、有挑战。

如果你是会议的主导者，首先，不要盛气凌人、居高临下，更不要把会场气氛搞得紧张无比，你要想办法让列席会议的人员积极参与进来；其次，不要着急否定别人的意见，要让大家尽可能畅所欲言，也不要马上回应对立的意见，这个时候的有效倾听，比解决问题本身更重要；最后，你要尽量弱化自身作为会议主导者的角色，想办法让会议中的意见领袖们多发言，你可以在过程中给予认可和肯定。当然，如果遇到原则问题，也可以直言不讳地表明自己的观点。在团队建设的沟通会中，真诚和知无不言都是会议主导者的会议准则。

如果你是会议的参与者，除了贯彻真诚和知无不言的原则外，还要在会议中积极献言献策，学会针对某项具体问题谈意见和建议，减少无针对性地泛泛而谈，要让你的发言对下一步的团队建设有帮助；同时，不要发牢骚，也不要甩责任，你是团队建设的责任人，而不是高高挂起的旁观者，因此，要从解决问题的基础上发言，而不是攻击和指责别人。这是作为会议参与者需要遵守的基本准则。

解决问题的方案会

-

这类会议主题很明确，就是要解决问题。因此，所有的讨论都要针对问题本身，以及如何解决方案的方法和策略。所以，不说废话、不讲风凉话、不讲马后炮之类的话，是这类会议的基本准则。

如果你是主导者，首先，要牢记会议的初衷和目的，通过时间和流程管控，减少会议进程中的跑题行为，及时予以纠偏；其次，要鼓励不同的解决方案，在没有达成团队共识前，要对那些少数派的独特意见给予发言和讨论的机会，并引导会议参与者从不同角度理解问题。要知道，你想要的是最佳解决方案，而不是赞同人数最多的解决方案。作为会议主导者，你如果能意识到这种差别，就可以更好地倾听少数派的意见和建议了。

如果你是参与者，在会议过程中，既要说出你的意见和解决方案，也要分享你的思路和出发点。在很多情况下，如果大家能全面了解你的出发点，就能更好地理解你的解决方案。同时，作为会议参与者，你不要固步自封，也不要建立自以为是的前提假设，听到他人的不同意见，你的第一反应不应该是受到攻击和感觉难堪（那叫面子导向），而是应该针对这种不同意见做出客观的分析和判断，并要从别人的不同意见中找到更有价值的措施，这也是让你快速提升业务水平的一个大好机会。

落实行动的承诺会

-

这种会议往往是领导者或项目负责人召集的，目的只有一个：把之前的共识和决策转化为每个人的切实行动与责任。

如果你是会议主导者，请记住，千万不能光听大家的表态，而要问具体的行动细节：比如什么时间、会有什么结果、会有什么挑战、如何应对这些挑战、需要组织给予什么样的支持、做不到怎么办等。只有把这些细节落实了，你才能真正让会议参与者进入责任状态，真正把责任落实下去。如果可能，在会议结束前，还要做一次重复，让双方确认刚才的承诺细节，并通过会议纪要或任务清单的方式进行后续的跟踪。

如果你是会议参与者，最佳的参与方式就是积极表态并承诺，并将接下来的行动方案告诉会议主导者。如果你有不同意见怎么办？不好意思，这类会议的召开往往意味着决策已经确定，会上很难给你讨论决策更改的时间。因此，如果有不同意见，可以在会前或会后和会议主导者深入沟通，并给出建设性的意见和建议。因此，在会议推进过程中，表态支持、积极承诺、拿出行动计划才是会议参与者的应有之义。

任务总结的复盘会

-

这类会议往往发生在项目结束或者某项重要任务告一段落之时。开会的目的是希望对前一阶段的工作做回顾与总结，形成改进的策略、可复制的方法和可固化的流程等。在这种情况下，要允许讨论、允许有反对意见、允许有不同的假设，大家的思考和总结越多，对后续的改进越好。

如果你是会议主导者，会议中收集的意见越多，得到的回复和响应越多，会议成果就越好。所以，鼓励发言，积极倾听，营造畅所欲言的会议氛围，推进会议参与者投入进来，就成为会议主导者的主要任务。

如果你是会议参与者，请把你在参与项目或任务的过程中遇到的问题、收获和经验一并分享。这个时候，系统性不是第一位的，真实的项目体验和做法才是第一位的。所以，不要在意你的意见是否和大家一致。你只有讲出来自己的真实想法，才能对后续类似的项目进展产生积极影响。当然，提任何意见和建议，都不要从破坏者或抱怨者的角度出发。还是那句话，你是会议的责任人之一，参会的初衷不是为了吵架，也不是为了宣泄自己的不满，而是为了更好地展现建设性意见，拿到更好的解决方案。所以，带着解决方案提问题，将对会议的进展更有价值。

五种会议各不相同，找到自己的角色，全身心参与到会议中，推动会议产生积极成果，是每一位参会者的责任。

本章小结

1 **透过现象看本质——职场会议的四大定位**

- 定位一：开会是一种集体决策方式
- 定位二：开会是上下级沟通方式
- 定位三：开会是解决问题的途径
- 定位四：开会将个体智慧转化为群体智慧

2 **职场会议中的三种典型角色**

- 角色一：会议主导者
- 角色二：会议参与者
- 角色三："打酱油"者

3 **职场中的五种典型会议模式**

- 模式一：上传下达的通报会
- 模式二：团队建设的沟通会
- 模式三：解决问题的方案会
- 模式四：落实行动的承诺会
- 模式五：任务总结的复盘会

职场说话方法论——如何做一个"积极的会议参与者"

1	提前了解会议主题与会议主导者的想法
2	明确会议和自己的关系及预期成果
3	准备好你的意见和建议

职场说话工具包——作为会议主导者角色的典型做法

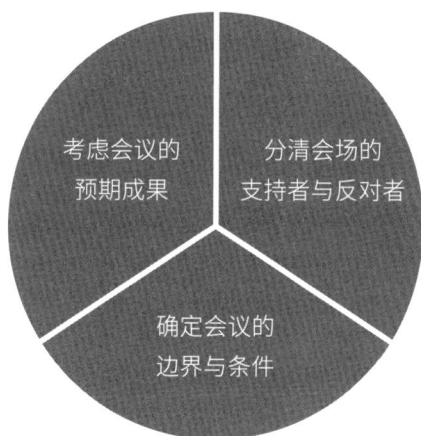

考虑会议的预期成果

分清会场的支持者与反对者

确定会议的边界与条件

第 8 章

开会是个艺术活

——如何应对三类典型反对者

问题导读

1. 职场会议将遇到哪些典型问题和冲突？

2. 职场会议中的支持者和反对者会有哪些典型表现？

3. 作为会议支持者，该如何表达立场、观点和意见？

4. 作为会议反对者，该如何表达差异、分歧和担忧？

5. 该如何应对职场会议中的"奇葩"？

要把会开好，还真没这么简单。

在上一章，我们解决了开会的技术问题，讨论了职场会议的五种类型和与会者的三种角色，学习了职场会议的推进方法。这可以保证会议沿着正确方向拿到成果。同时，会议中的变量很多，大家处于不同的立场和利益，在涉及自身问题时的看法和认知又各有不同，因此，会议中的争吵、冲突和对立往往在所难免。该怎么应对这些变化，该如何避免让冲突走向对抗，如何减少分歧、达成共识、拿到成果，就需要会议的主导者和参与者们各自发挥所长，有效化解问题和冲突。因此，开会不仅是技术活，还是个艺术活。

比如，你要考虑以下问题：什么话该说，什么话不该说；什么话早点说，什么话晚点说；什么话要直说，什么话要委婉说；什么话需要明知故问，什么话需要穷追不舍；什么话要言简意赅，什么话要鞭辟入里；等等。会议中的时机、节奏、话题都很重要，权衡利弊、拿捏分寸并非只是中国特色，而对于"度"的把握，就成为开会艺术的一种衡量标准。

当然，要恰当地使用开会技巧，灵活地展现开会艺术，还需要回到自己在会议中的角色和立场。你是发起者还是跟随者，你是支持者还是反对者，你是组织者还是参与者，不同的会议角色和立场将决定你不同的开会行为与表现。

上一章我们是围绕会议中的角色展开，这一章我们将从会议立场出发来进行讨论：你是支持者，还是反对者。

你是支持者

所谓支持者，往往是会议的正方。当然，支持不等于唱赞歌、拍马屁。支持的核心是表达你的立场，并告诉大家，有什么样的事实和数据来支持你的立场和观点。

同时，作为支持者，也不是声嘶力竭地单一表达。你既要表达自己的意见和观点，更要倾听别人的意见和观点。在开会过程中，你还需要根据新的认知和理解，调整和完善你的意见。因此，要做一个有效的支持者，你需要学会三种方法。

方法一：明确你的意见，说出你的理由

-

你的意见是什么，为什么会有这样的意见，支撑你意见的事实和数据是什么，请把这些信息告诉与会各方。千万不要只说"我支持"，大家却不懂得你为何会支持，也不知晓支持你观点的事实和数据是什么，这样可能会带来争吵和矛盾。而且，那位被你支持的观点当事人，也会觉得莫名其妙，他可能会觉得自己遇到了一个"猪一样的队友"。

方法二：补充你的想法，说出你的顾虑

-

任何意见和观点都可能会有漏洞和瑕疵。因此，作为支持者，你不需要文过饰非，也不要画蛇添足，而是针对你要支持的观点，补充你的意见。如果发现了漏洞和瑕疵，也要如实反馈你的意见和顾虑。在开会过程中，如果你修正、改变了自己最初的想法，也要及时分享给大家。这样做，你就会成为一个积极的支持者，会让开会成果更有效。

方法三：表达你的承诺，说出你的计划

-

既然是支持者，就请拿出承诺和行动计划来响应你的意见。会议中，你也会发现另一类支持者：他们表达意见时无比坚定，捍卫观点时非常坚决，但就是不见后续的承诺与行动计划。把表态当支持，把观点当支持，其实只做到了一半的支持。真正的支持需要落实到承诺和行动上。如果没有明确的承诺和切实的行动，你的支持就会大打折扣，也无法起到应有的效果。反过来，如果你提出了承诺和后续行动计划，特别是可执行、可操作、可量化的行动措施，这不仅可以强化你的支持，还会促进目标和任务的达成。

你是反对者

如果你在所有问题上都是支持者，显然也是一种极端现象。那种凡事都回答 Yes 的员工，未必就是优秀的员工。至少，对目标负责、对结

果负责才是优秀员工的应有之义。因此，在很多问题上，做一个反对者，回归到问题本身，提出你的反对意见，本身也是对工作负责的一种表现。那种"视反对意见为麻烦制造者"的想法，早就过时了。而且，会议中"合格的"反对者，完全是对事不对人，是基于事情的目标、原则和边界提出自己的反对意见，并非是冲着意见的提出者本人去的。如此看来，你该如何做一位合格的反对者呢？

方法一：确认对方的观点，防止误解

-

如果不理解对方的观点，甚至根本就没听清对方的意思，那么，你首先要做的，是再次确认并理解对方的观点。千万不要在错误理解对方观点的基础上提出反对意见，这不仅毫无意义，反而会影响会议的进展。因此，在提出你的反对意见之前，一定要确认对方的观点，准确理解对方的意见。如果不清楚，还可以通过提问和互动的方式搞清楚，从而减少无效反对的情况发生。

方法二：表达你的意见，说出你的出发点

-

既然是反对意见，不仅要告诉当事人你的反对意见是什么，还要与对方分享你的出发点是什么。很多情况下，如果对方只听到你的意见，不了解你的出发点，双方的分歧就很容易集中到"战术"层面。在立场不同的情况下，这样的分歧往往很难在观点层面找到共识。因此，为了便于对方理解你的意见，也为了让你的意见帮助当事人改进提高，你需要告诉对方，你的出发点是什么，你为何会有这样的意见，有什么样的

假设前提和相关案例可以帮助对方理解你的意见，等等。这样更系统、更全面地表达反对意见，有利于双方达成共识。

方法三：既要表达意见，又要给出解决方案

-

勇敢地给出反对意见，仅仅是第一步；如果还能准确、客观、全面地表达你的反对意见，这是第二步；在此基础上，如果还能针对你的反对意见，提出具体的改进措施和解决方案，这是第三步。那些能做到第三步的反对者，我们也称为"积极主动的建设性反对者"。

为什么这样称呼他们？这要回到会议的初衷。事实上，所有的参会人都是"利益攸关方"。从逻辑上讲，会议中没有谁是旁观者。之所以现实中有很多事不关己的旁观者，原因在于他没有意识到自己和会议之间的利益所在，或者说某些因素影响了他的参会意愿。既然是利益攸关方，意见就必须表达出来。总幻想通过搭便车的方式参加会议，基本就是人云亦云的水平，也无法保证自己及部门的相关利益。

因此，作为会议的参与者，你要倾听他人的观点，勇敢、理性地提出自己的意见，并给出具体、可操作、可执行的改进措施和解决方案，才是积极主动的建设性反对者。这样的行动，也会让会议效率更高，效果更好。

如何应对三类反对者

然而，理想很丰满，现实很骨感。从理论上讲，人人都应该是会议

的积极参与者，人人都应该开诚布公地提出自己的意见和建议，全面表达自己的态度，给出积极和建设性的行动措施和解决方案。但现实是，有些参会者要么全程不发声，要么总跑题，要么带着强烈的情绪提出刁难。在会议的反对者中常常有三类"非典型反对者"，他们的出现不仅打断了会议的正常节奏，还会让会议的成果难以预期。那你该如何应对这三类反对者？

故意捣乱的人

-

既然是捣乱，肯定是主观故意。他之所以提出反对意见，并不是基于客观实际，甚至也不是基于个人利益，而是基于意愿、情绪、性格、认知、信任等问题。这种通过捣乱的方式来表达自己的不满还可以分为三种情况。

第一，对你有意见，所以捣乱。

或许，你并不清楚他对你有什么意见，也不知晓他为什么会有意见，但对方就是看你不顺眼：凡是你支持的，他都反对；凡是你反对的，他都支持。遇到这样的反对者，还真够闹心的。

那该怎么应对这类反对者呢？首先，不要情绪对情绪。对方意气用事，并不代表你也要意气用事，那无助于解决问题。其次，请就事论事。既然是意见，就要回到事实和数据，区分对方的情绪和意见，意见的部分要正面回应，情绪的部分要避免正面冲突，这就可以避免很多无谓的争吵和分歧。另外，如果有时间，会后一定要搞清楚对方的情绪从何而来，了解问题的前因后果，必要的时候要通过沟通解决问题。事实一再告诫我们，任何情况下，一味的热冲突和冷对抗，都无助于有效解决问题。

当然，区分对方的情绪和意见，并不代表一味的迁就和退让。针对工作中的原则问题，据理力争并捍卫原则才是正确的行为方式；针对工作中的非原则问题，要清楚自己的边界和底线，对分歧的部分进行充分沟通，才能真正远离情绪、解决问题。

第二，捣乱就是他的风格。

有一种人，参加什么样的会议都会捣乱。关键是作为当事人，他可能根本意识不到这是在捣乱。遇到这种情况，你该怎么办？

首先，要把功夫做到平时。日常工作中，要经常和他沟通，帮助他意识到捣乱带给自己和团队的伤害。在很多情况下，只要让当事人有这种意识，问题就能得到很好的解决。

其次，在会议开始前，主持人可以针对典型的捣乱行为亮明规则和高压线——一旦违规，"军法处置"。这样的做法非常有必要，把丑话说在前面，永远比事后再出台规则有效的多。

还有，针对会议进行中出现的个别恶劣捣乱行为，要及时制止并让规则真正发挥作用，哪怕是暂停会议也要杜绝这类现象继续影响会议的正常进展。

可能的话，可以给予这类捣乱者一定的规则惩戒。痛苦才能使人反省，如果捣乱带来的代价很高，或者带来了惨痛的教训，就足以让当事人痛改前非，这也是很多人成长的必要历程。

第三，无知者无畏。

这类人，根本就不懂得会议的逻辑和进展，他就是想用捣乱的方式证明自己的存在。

比如，有些参加会议论坛的提问者，只是借着提问的机会来表达自己有多厉害，自己的观点有多么好，甚至和论坛的主题没任何关系，但这丝毫不妨碍他的提问。本质上，这也是一种捣乱。再比如，有些参会者缺乏对会议专业内容的基本了解，他关注的问题都是常识性的概念和基础原理，但只要听不懂，他就会立马提问，根本不在意其他参会者的诧异目光，搞得发言人不知所措。

如果是这种情况，除了前面提到的几招以外，你还要反省一下：怎么能让这样的人参会？你的会议成员筛选标准是不是出了问题？实际上，自讨没趣往往是自己造成的。

妄自尊大的人

-

所谓妄自尊大，第一是认知问题，第二是性格问题。

如果是认知问题，意味着这类反对者的关键在于自以为是，认为自己的观点是对的，认为自己的意见是真理，在非此即彼层面，这类反对者往往比较偏执。

如果是性格问题，意味着这类反对者具有好面子、摆资格、逞能耐的综合特征。这类反对者的重点根本就不是会议观点本身，也不是对方的意见如何，只是为了捍卫自己的尊严而已。

对于认知型的妄自尊大者，最好的方式就是用事实和数据打脸。在事实和数据面前，任何的自以为是都将不攻自破。毕竟，要改变他的认知，不仅需要时间，更需要耐心。在有着明确截止时间的会议中，你很难调整和改变对方的认知。所以，最佳方式就是还原事实和数据，不讨论认知差异，而是回归事实本身。这样的方式能减少对方的妄自尊大。

对于性格型的妄自尊大者，最好的方式就是就事论事。避免伤及对方的面子，在倾听对方观点的基础上，询问他的意见出发点有什么事实和数据，有什么具体的案例和论据。别着急反驳，也不要急着下定论，而是通过提问的方式。你问得越具体、越详细，对方的问题就会暴露得越充分。这种情况下，对方的妄自尊大就会自然消解。

被动进攻的人

-

被动进攻，意味着对方并非主动发起进攻提出反对意见，而是在涉及某个问题、利益点、风险或责任的时候，他意识到自己的利益可能会受到伤害，或者他没有完全理解你的观点，觉得与自身的预期有差距，于是内心就产生了不安全感。因此，为了保护自己的利益，避免遭受损失，他就会马上切换到防守反击的状态，这就是所谓的被动进攻。

面对这类反对者，我们的首选策略是尽量减少他的被动进攻。解决方案是全面表达自己的意见和观点，针对容易产生误解的地方着重澄清；同时，要在会前采用同理心的方式，思考自己的观点或方案可能会影响他人的地方，针对误解部分提前准备预案，并说清楚自己的出发点、方案将带来的多方面影响等。这样的考量和做法，会减少被动反对的情况。

如果在会议中遇到这类反对者，该怎么办？第一，要听他把话讲完。无论对方的意见多么激烈和负面，都不要打断他，在他讲述的过程中你还要详细记录下他的意见和观点。第二，重复他的意见和观点，然后告诉他，他刚才提到了什么，你是如何理解的，他的观点和你的观点有何异同，等等。这是就事论事的解决问题方式。第三，避免情绪上的直接冲突，如果有较大的分歧，可以会后推进解决。

还有一类反对者，他的问题不在于反对本身，而在于思维与习惯。在会议中，无论你提出多么伟大和激动人心的创意和想法，他的第一反应都是万一失败了怎么办。哪怕你拿出足够的事实和数据来论证观点，他都会认为改变现状的风险很高。在他看来，维持现状才是最好的方式，创新与变革简直就是瞎折腾。因此，这类反对者的重点丝毫不是观点本身，而是自己固有的思维方式与习惯。

对于这类反对者，当事人大可不必过于担忧。你不是观音菩萨，也无法普度众生。任何一个观点和意见都很难赢得所有人的一致点赞。因此，不要在意所有人的认同，而要容忍反对意见的存在。把反对意见当作持续改进的动力，才是推进会议顺利进行、取得会议成果的最佳方式。

开会是个技术活——你需要从会前、会中、会后进行流程改进，使会议成果更好；开会是个艺术活——你会遇到各种不同的人，他们或支持，或反对，或默不作声不表态。学会应对不同的参会者，减少分歧，弥合冲突，达成共识，才是高效会议的正确打开方式。

本章小结

······

1 **慧眼识珠——识别三类典型的职场会议反对者**

- 故意捣乱的人

- 妄自尊大的人

- 被动进攻的人

2 **职场会议中，"故意捣乱者"的三种情况**

- 对你有意见，所以捣乱

- 捣乱就是他的风格

- 无知者无畏

3 **职场会议中，作为"有效支持者"的三种做法**

- 明确你的意见，说出你的理由

- 补充你的想法，说出你的顾虑

- 表达你的承诺，说出你的计划

职场说话方法论——如何做一个合格的职场会议"反对者"

1	确认对方的观点，防止误解
2	表达你的意见，说出你的出发点
3	既要表达意见，又要给出解决方案

职场说话工具包——职场会议中如何应对"被动进攻者"

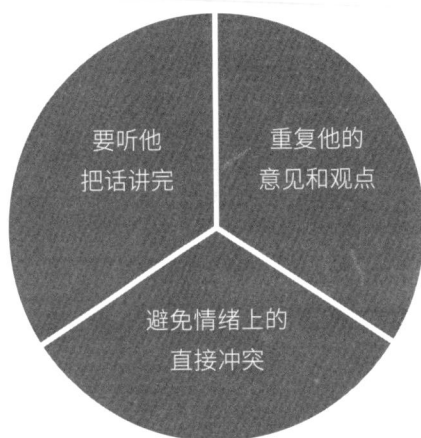

要听他把话讲完

重复他的意见和观点

避免情绪上的直接冲突

职场说话场景三

🎤

双赢谈判
—— 如何走出彼此较劲的谈判僵局

第 9 章

先发制人非阴谋

——双赢谈判的四个关键

问题导读

1. 实现双赢谈判的典型障碍是什么?

2. 为什么很多谈判者会陷入谈判僵局?

3. 那些优秀的双赢谈判者是如何做到求同存异的?

4. 要实现双赢谈判,为何需要谈判者增加想象力?

5. 如果彼此立场差异较大,谈判者该怎么办?

谈判也可以双赢？

其实，谈判可以双赢。问题的关键在于：如果你想通过谈判战胜对手，双赢显然就是一个幌子；如果你想通过谈判获得利益，那么双赢就充满了无限可能。因为利益的蛋糕是可以共同做大的。

如果双方实力悬殊，恐怕连谈判的机会都没有；如果双方是一锤子买卖，谈判的必要性也不大。因此，谈判一定是基于双方需要持续合作，一定是基于双方实力相当，至少不是完全置对方的利益于不顾，也不是基于你输我赢的较劲。这才是双赢谈判的本质。

因此，在和对方谈判前，你必须建立三个重要认知。

第一，双赢是可以实现的。

如果没有这个认知前提，谈判就真的变成了你输我赢的阴谋诡计。因此，如果你笃信算计别人可以获胜，如果你认为搞定对手就是胜利，那么双赢谈判恐怕对你不适合。

第二，做大蛋糕比分蛋糕更重要。

这个认知的重要性在于：你和对方不再是对手关系，而是要相互协作开拓新的市场或疆域，进而一起获得更大的利益。因此，如何才能在现有条件下做大蛋糕，如何发挥想象力创造共同利益，才是双赢谈判的核心。

第三，对方并非顽固不化。

如果双方的对立关系严重，甚至一定要置对方于死地，那根本不存在什么双赢谈判，那就是一场鱼死网破的对攻而已。我们所说的双赢谈判，乃是双方通过充分沟通和协商，可以就某些分歧达成共识。因此，问题可以商量，分歧可以协调，对方的条件和要求也可以改变。如果这个认知前提不成立，所谓的双赢谈判也不成立。

从这个角度而言，那种兵临城下的谈判压根谈不上双赢，而是一种无奈的退让和妥协；那种你死我活的谈判也无法做到双赢，而是一种王子复仇般的对立和攻击；那种互相试探的谈判也不是双赢谈判，而是一种尔虞我诈的猜忌和暗算。因此，要做到双赢谈判非常不易。在日常谈判场景中，我们之所以会经常陷入谈判僵局或者两败俱伤，除了上面提到的三大认知，还有一个重要的原因是缺少想象力。

利益、格局、未来，首先是想象出来的。所谓想象力，就是在大脑中构建一个现在还未发生，但未来可能会发生的图景。真正的谈判高手既可以看清当下，又可以看懂未来，以空间换时间，以时间换空间，让双赢成为可能。反过来，如果双方都纠结于当下的蝇头小利，都只看重当下的蛋糕分配，最终的结果只能是争执不断，各不相让，哪还有什么双赢可言。

真正的问题是，对你当下重要的条件叫利益，对你未来重要的条件也叫利益。谈判中，谁能看到未来利益，谁就能占到先机，往往可以主导谈判的推进。通过合理让渡现在的利益，换取未来的利益，或者通过让渡未来的利益，换取现在的利益，都是可选项。因此，如果你想在谈判中获得主导权，就必须提升想象力，能想到未来的利益所在，能构建基于现在和未来利益的蛋糕分配机制。具备这种能力的谈判方，才是双赢谈判进展的主导者。

以马云为例。20年前，在杭州西湖边的湖畔花园，马云需要说服18个朋友一起入伙创业。彼时，马云的电脑水平不怎么样，互联网是一个遥远的西半球传说，还有前面若干次创业失败的惨痛教训。在这种情况下如何说服朋友们加入，就是一场活生生的谈判考验。如果只看当下，哪会有什么像样的说服别人加入的理由？如果只是马云单方面牺牲利益和控制权，哪还会有后来的阿里巴巴的创业传奇。因此，描绘可信赖的未来，告诉大家通过努力可以达成未来，让大家相信每个人都是事业的受益者，才是基于未来利益的双赢谈判。

这样看来，那些投资圈里发生的创投故事，基本都是双赢谈判的范例。多年前，今日资本张新与京东创始人刘强东的投资故事，红杉资本与美团、滴滴及众多独角兽企业的投资故事，软银孙正义和阿里巴巴的投资故事，都是投资界"基于未来想象力"的双赢谈判成功案例。从这个角度而言，谁能想象未来，谁能找到通向未来的路线图，谁能将未来利益与当下利益打包分配，谁就获得了双赢谈判的主动权。

从这一点出发，我们也发现，双赢谈判之所以存在，是因为——第一，双方对未来有预期，如果连对未来的预期都没有，谈判就没有必要。第二，双方的预期未必是一致的，有的预期更好，有的预期更差，有的预期乐观，有的预期悲观，这和股市是同一个逻辑，要不怎么会出现有人看涨，有人看跌。但千万不要小看这种预期差异，这也给双方的谈判留下了巨大的空间——对甲方不重要的东西，对乙方可能很重要。第三，不要纠结于某一个点的利益得失，如果能有更大的格局看到未来，或许你当下在意的事在未来并不重要，这就为双方的妥协和让步预留了足够的空间。

反过来，如果双方都纠结于当下，都认为某一点非常重要，都没有对未来的想象力，那还有什么双赢的可能？所以，那种心胸狭窄的人、格局太低的人、过于看重当下利益的人，很难进入双赢谈判的逻辑，也根本不相信什么未来想象力。在他们看来，所谓的未来要么是忽悠，要么是不靠谱，只有当下的现金才是货真价实的。他们信奉落袋为安，笃信眼见为实，跟他们谈未来和双赢，就是对牛弹琴。他们可能会因为太看重当下的利益，而把未来更大的利益拱手让给对手。股市中的抢先套现、投资中的高买低卖、房市里的看涨看跌、工作中的只重当下，都会将一个人的格局和想象力暴露无遗。从这一点出发，我们也可以把双赢谈判理解为谈判双方对于当下和未来利益总和的协商分配。双方想要的，不是当下的绝对公平，而是现在和未来利益分配的相对公平。

话又说回来，从想象力的角度理解谈判，我们不难发现：所谓的先发制人，其实是"见人所未见，识人所未识"——如果能想的比对手远，看的比对手多，能对未来构建更多的可能性，当然就能做到先发制人，甚至你和对手之间根本就不在同一个维度谈判。这种情况下，你和对手处于事实上的信息不对称——表面看，你们现在掌握的信息是差不多的，但对于未来的信息是不一样的，于是真正的"先发制人"有了可能。

在实践中，要做到先发制人，要做到双赢谈判，你需要关注四个关键点。

关键点一：转换场景，理解对手

谈判中最大的忌讳就是只考虑自己的利益，不考虑对手的利益。既然是谈判，双方肯定各有所需，要想做到先发制人，实现双赢谈判，必须转换场景，理解对手。如何做到这一点呢？

第一步：理解对手的角色

-

对手是决策人、执行人，还是谈判决策关键影响人？角色不同，他们的当下和未来的利益就不同。如果是纯粹的执行人，构建未来想象力的空间会较小。

第二步：理解对手的需求

-

谈判人的角色不同，需求就不同。决策人往往是谈判成果本身的需求，即如何谈成，如何确保自己的利益最大化；执行人往往在谈判成果需求之外，还有其他需求——来自老板和公司的评价，来自职位本身的利益诉求，来自岗位考核等需求；如果谈判人是决策关键影响人，他还需要考虑其他影响力的意见，还需要考虑内部无形压力等。因此，能否提前理解对手需求，也是双赢谈判的关键。

第三步：理解对手的场景

-

如果你是对手，你会怎么做？你需要考虑对手当下面临的市场压力，对手有何谈判优势和劣势，对手有几张王牌，对手有哪些破绽和漏洞，不可妥协的是什么，可以协商的是什么，对手的谈判策略会趋向于防守还是进攻，是保守还是进攻，等等。越理解对手的场景，越能够制定先发制人的谈判策略，越容易达成双赢。

关键点二：搁置立场，想象利益

在不同立场上争论对错，往往无果而终。毕竟，甲乙双方的立场存在天然的冲突，如果总是向对方证明我是对的，你是错的，显然，对方同样的坚持就会让最终的谈判陷入僵局。因此，谈判破局的关键在于：搁置立场，想象利益。

与其在立场上拼个鱼死网破，不如回归到利益层面进行得失取舍。立场很容易绑架谈判者的理性，更会让谈判者因为害怕被贴上"有损尊严"之类的道德标签而选择绝不妥协一步的保守策略，甚至有的谈判者把自己的声望放置于己方真正的公司利益之前。这些都是"立场综合症"，破解之法有三招。

第一招：列出我方的利益

-

利益包括当下利益和未来利益。这一步非常关键。如果不清楚我方真正的利益所在，谈判的重心和策略从何而来？因此，作为谈判者，你首先要在内部确认己方的利益所在，要让决策者、利益相关人、执行者全都参与进来，详细列出核心利益与边缘利益、当下利益与未来利益、不可妥协利益与可妥协利益。有了利益清单，谈判的策略才更容易制定出来。

第二招：列出对手的利益

-

对手的利益清单也很重要。这就需要回到我们前文所讲的谈判的转换场景。你需要提前设想对手的当下利益与未来利益、核心利益与边缘

有话好好说

利益，还有对手不同角色所关切的利益所在。列出对手的利益清单，就可以帮助你找到真正的利益交集，也就更容易达成双赢。

第三招：列出双方的利益冲突点

-

找到利益冲突点，其实就是找到了真正的分歧所在。所谓利益冲突，本质在于双方都想要，或者你有了我没有，我有了你没有，你多了我就少了，你少了我就多了。如果是这类冲突，作为谈判者，你需要再次确认这些冲突点是不可调和，还是仅仅因当下的格局和想象力不够导致。大多数情况下的利益冲突，往往还是格局与想象力不够所致。

在冲突层面，还需要建立一个重要的认知：冲突即机会。冲突越大，往往机会越大。如果能解决好冲突，往往会给双方创造更大的利益想象力。国内著名广告品牌专家叶茂中先生就善于将日常中的冲突转化为品牌机会。谁能解决冲突，谁就能赢得市场占有率。从这个角度而言，谈判者至少不能害怕冲突，更不能回避冲突，如果能将当下的冲突转化为未来的共同利益，如果能将冲突转化为双方的更大机会，那才能制定真正先发制人的谈判策略。

关键点三：守住底线，找寻交集

底线不等于立场，而是核心利益。所谓核心利益，就是无论从当下还是未来看，都是不可与对方妥协的地方。因此，确认你的谈判底线，就等于确定你的谈判高压线，也就相当于确定了你的谈判边界，在此基础上，谈判者要找寻双方的交集。

确认双方的共同利益

-

共同利益是谈判双方的信任基础。有了共同利益，很多冲突就会变成内部矛盾，协商的难度就大大降低了。因此，要在谈判前找到双方的共同利益，并在谈判出现僵局时通过确认共同利益打破僵局，并以共同利益为出发点，双方讨论解决方案。把双方的共同利益作为谈判之锚，就能化解很多尖锐冲突。

明确行业的通行法则

-

如果双方暂时找不到共同利益怎么办？别着急。作为谈判者，你可以事先找寻行业的通行法则，最好还能有过去成功的行业成功做法或惯例。在双方互不相让的情况下，用行业通行法则做沟通，可以减少谈判阻力。有了参照系，大家的认知就容易达成共识，即便不能达成共识，也会缩小双方的谈判分歧。从心理学角度而言，谈判中的一方率先提出行业通行规则或案例，就能将无法达成共识的责任压力加重到对方那里去，逼着对手和自己较劲，这也是有效的先发制人谈判策略之一。

设置默认选项

-

所谓设置默认选项，本质是将行业中的常识或者通行做法设置为无需谈判的前提条件。这能避免谈判陷入无谓的争吵和僵局，加速谈判进程，让双方不在无意义的内容上耽误功夫。但如何设置默认选项，就需要双方进行谈判前的有效沟通。可以找到前文提到的行业通行法则或案例，还要把双方不需要谈判的共同认知找出来作为默认选项。如果谈判者的水平再高一些，还可以制定一个双方都遵守的分歧解决原则和办法，即在谈判中遇到特定情况，双方要遵循什么行为准则。这样做的好处是，让双方都清楚谈判中哪些做法可行，哪些做法不可行，哪怕是有利于己方，也不能胡搅蛮缠，相当于谈判前的君子协定。

关键点四：尊重分歧，求同存异

分歧可以完全消除吗？很难，这几乎不可能，否则，怎么还需要谈判？因此，谈判者要认识到，一场双赢谈判是允许双方分歧依旧存在的。我们要做的是减少分歧，而不是完全消除分歧。如果能求同存异，找到双方的最大公约数，那就是双赢谈判的最佳归宿。

那么，在商务谈判中，该如何做到求同存异？

求当下（未来）同，存未来（当下）异

-

上文提到过未来想象力，这就是求同存异的核心。如果可以想象未来，那么双方就可以将当下和未来利益做综合考量。要么达成当下的共识，留今后的异议；要么达成未来的共识，存当下的异议。这两者都可以让双方减少分歧，扩大共识。更重要的是，这种做法扩展了双方谈判的可能性，扩大了解决方案的可能性，给双方都留下了更大的谈判空间。

求方向同，存条款异

-

很多冲突不可能通过一两次谈判解决问题，因此，谈判者要意识到：只要谈判没破裂，一切皆有可能。换个角度看，只要双方相向而行，分歧一定会越来越小，共识一定会越来越多。因此，在某些条款上存在分歧很正常，这既是双方利益分歧所在，也可能是双方在认知上都还没有构建未来想象力，也就是认知格局不够。没关系，给彼此时间，以时间换空间，相向而行才能解决问题，条款分歧不是根本问题。

求关系同，存内容异

-

还是那句话，只要谈判没有破裂，一切就皆有可能。因此，更好的谈判，往往是谈判中刀光剑影、针锋相对，谈判后喝酒撸串、侃天说地。这当然是一种美好的期许。我想提醒谈判者的是，给每一次谈判留有余地，至少不要在关系层面恶言相向。保持在意见分歧情况下的相互尊重，是确保双赢谈判的关键前提。因此，任何时刻都要确保双方还能接着谈下去，这对于双赢谈判很重要。

最后要特别强调的是：先发制人，不是不怀好意，也不是埋伏陷阱；否则，那就不是先发制人，而是阴谋诡计。因此，这里的"制"，不是制服对方，而是机制、制度、规则之意——通过提前设定规则，从双方利益最大化角度出发，用框架、规则、机制来约束双方的越界行为，避免出现水火不容的两败俱伤，这才是先发制人的应有之意。

本章小结

....

1 **在进行谈判前，谈判者要建立的三个重要认知**

- 认知一：双赢是可以实现的
- 认知二：做大蛋糕比分蛋糕更重要
- 认知三：对方并非顽固不化

2 **要实现双赢谈判，谈判者要着重关注四大关键点**

- 关键点一：转换场景，理解对手
- 关键点二：搁置立场，想象利益
- 关键点三：守住底线，找寻交集
- 关键点四：尊重分歧，求同存异

3 **在双赢谈判中，如何做到求同存异**

- 求当下（未来）同，存未来（当下）异
- 求方向同，存条款异
- 求关系同，存内容异

职场说话方法论——如何破解谈判对手的"立场综合征"

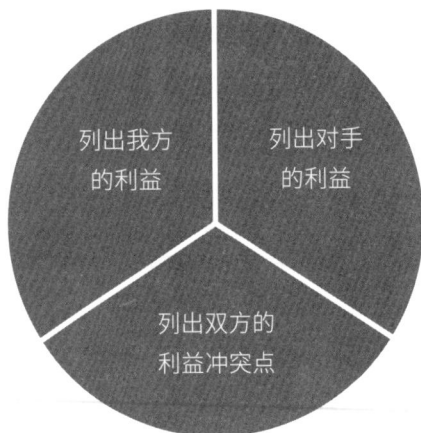

列出我方的利益

列出对手的利益

列出双方的利益冲突点

职场说话工具包——谈判中，如何找寻双方的交集

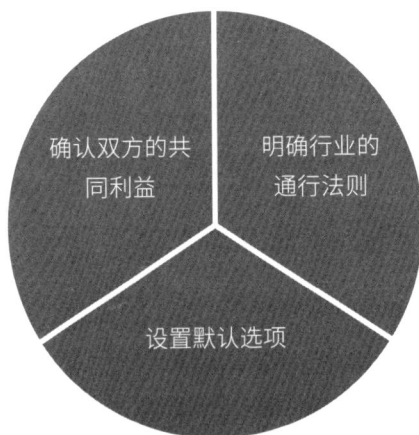

确认双方的共同利益

明确行业的通行法则

设置默认选项

第 10 章

以退为进有妙招

——同理心谈判的三大方法

问题导读

1. 为什么双赢谈判需要同理心？

2. 要建立同理心，谈判者在谈判前需要做什么？

3. 为什么双赢谈判者必须理解和尊重对手的核心利益？

4. 如何在谈判遇到僵局时实现突破，怎样做到凡事向前看？

5. 什么是基于想象力与可能性的双赢谈判模式？

在双赢谈判中，无论是先发制人，还是以退为进，都无法绕过同理心这道坎。

因为如果你不清楚对手的诉求，不能体察对手的处境，那如何才能真正找到双赢的解决方案，如何才能真正做大谈判的利益蛋糕？每当遇到谈判僵局时，打破尴尬的最好方式就是以退为进。所谓退一步海阔天空，实际上是给双方留下更多的谈判余地和空间——空间大了，对方的安全感就强了，就可以退一步、进三步。如何以退为进，最好的方式莫过于拥有同理心。

何谓同理心谈判？你需要掌握三大方法。

方法一：换位思考，尊重对方核心利益

比如，你和老板讨论要不要加薪。从你的角度看，当然工资越多越好；从老板的角度看，当然成本越低越好。如果就此争执下去，最后的结果往往是不欢而散。但换位思考一下，你就能明白，从老板角度看，他真正的关切点不是你的薪水多少，而是能否给公司创造更大的价值。既然如此，如果你切换角度，与老板沟通接下来你将如何给公司创造更

大的价值，你会做哪些改变和创新，你如何保证这些措施达成预期效果等问题，加薪就不再是谈判的障碍点所在。

再如，谈判中经常出现的一个典型场景：甲方告诉乙方，必须答应某某条件才可以谈；乙方说，如果不先解决某某问题，甲方所说的某某条件就免谈。如此一来，谈判陷入僵局的概率大大提升。该怎么办？最好的办法是一方换位思考，站在对方的角度了解对方的核心关切，从双方共同利益出发打破僵局，进而寻求解决方案。

换位思考难不难？

-

相当难！其实，谈判者往往都明白换位思考的重要性，但为什么很多谈判者做不到？原因有三：第一，谈判中容易争强好胜。为了所谓的面子和立场，将理性思考和决策抛之脑后；第二，格局不够。总想着自己的一亩三分地，只顾我方赢不赢，哪管对方得与失；第三，信任和安全感问题。唯恐对方耍阴谋诡计，处处提防和小心，大脑认知全部被安全感所裹挟，根本无暇顾及对方的利益所在。

换位思考会不会让我方利益受损？

-

不会。所谓换位思考，绝不是做老好人，也不是为了照顾对方利益自己委曲求全；也不等同于同情心，让自己在原则和底线层面妥协。回到双赢谈判的本意，进行换位思考完全是基于了解对方的需求，更好的了解和洞察对方行为背后的原因，以便打破谈判僵局，推进双赢谈判，这怎么会损害我方利益？

要做到换位思考，不仅需要换位，还需要深度理解对手，了解对方的核心诉求，尊重对手的核心利益。所谓核心利益，一定是对方必须捍卫的原则和底线。如果为了我方利益，强迫对方让步，不仅不会起到效果，反而会损害双方关系。因此，只有尊重对方的核心利益，对方才能尊重你的核心诉求，真正的双赢谈判才可能达成。在谈判中，该如何尊重对方的核心利益？你可以做三件事：

第一件事，你可以开门见山告诉对方，我方理解、尊重你方的核心利益。为什么在谈判开场就就表达？这不仅是坦诚地告诉对方，你认真做过功课，一定会尊重对手的核心利益，还能有效减少双方的不必要试探，让谈判效率更高，增进双方的信任感。

第二件事，在谈判的关键点上，绝不拿对方的核心利益做交易。千万不要动不动就威胁对方，以为自己掐住了对方的死穴。没有任何对手愿意接受这样的威胁，反过来，对方也可以拿你方的核心利益做要挟。最终双方会陷入鱼死网破的谈判僵局，这对双方都不是好消息。

第三件事，如果有可能，在不违反我方底线和原则的前提下，在涉及对方核心利益的地方，给予适当的让步和照顾。这背后的逻辑不是妥协和退让，而是尊重和理解。所谓的让步是为接下来的谈判创造更多的可能性，为双方留有余地，也为我方核心利益的达成创造条件。任何时刻，我们都不能忽略互惠原理在双赢谈判中的价值所在。

方法二：发挥想象力，创造可能性

我们之前提过，所谓双赢谈判一定是超越当下的分歧和矛盾，面向未来创造性地解决分歧和问题。因此，在换位思考的基础上要推进同理心谈判，就必须发挥想象力、创造可能性，找到双方共同利益的最大公约数。

要想发挥想象力，就必须回归双方的共同利益。纠结于分歧本身，再好的谈判策略都是尔虞我诈；回归到共同利益，双方才可以握手言欢。特朗普与金正恩之间的两次谈判，恰好印证了美朝之间如何发挥想象力，从共同利益出发解决问题。在想象力的基础上，可能性才会被创造出来，之前想不到的谈判选项也会涌现出来。从这个角度讲，"一国两制"就是一个伟大的创造（解决分歧问题），最初的支付宝模式就是一个优秀的机制（解决信任问题），这才会有最终的双赢谈判。

关于想象力与可能性，哈佛商学院教授、著名谈判专家帕迪克·马哈拉曾提过一个ICAP双赢谈判解决框架。

I——Interest，代表利益。作为谈判者，你要思考对方的核心利益是什么，对方想要什么，理由是什么，什么对他们最重要，为什么他们会做出这种决定，为什么他们选择现在这个时刻谈判，他们的担心和隐忧是什么，他们的利益会随着时间而改变吗，等等。

C——Constrains，代表约束条件。作为谈判者，你要思考有什么事情对方能做，有什么事情对方不能做；在哪些问题上对方可以灵活变通，在哪些问题上对方毫无余地和空间；对方会抓住哪些问题不放，为什么会抓住这些问题不放；是什么在约束着对方，这些约束条件会随着时间改变吗，我方会不会遇到类似的约束条件，应对措施是什么；等等。

A——Alternatives，代表备选方案。作为谈判者，你要思考如果谈判不欢而散，对方会怎么办；什么情况会导致谈判破裂或陷入僵局；对方的方案是否反应真实诉求；对方有没有没摆在谈判桌上的方案，为什么没有提出来？没摆出来的方案和摆在谈判桌上的方案有何不同；在什么情况下他们会提出备选方案，为什么他们会有备选方案；等等。

P——Perspective，代表不同角度。作为谈判者，你要思考对方如何理解我方的方案，他们的态度是什么；站在对方的角度，什么是合理的，什么是不合理的；什么情况下，对方会同意我方的方案，什么情况下，他们会坚决反对我方的方案；对方的谈判人（团队）各自的角色和利益诉求是什么；对方更倾向于短期解决问题，还是做好了长期作战的准备；等等。

同时，真正的想象力和可能性往往来自谈判前的用心准备。要想真正创造双赢的谈判解决方案，你要在谈判前做如下准备。

第一步，确认对方的核心利益。列出利益清单，进行重要性排序。

第二步，找到双方的共同利益。列出利益清单，进行重要性排序。

第三步，寻找行业过往成功案例。对案例进行结构化，找到可借鉴框架。

第四步，寻找跨界成功谈判案例。对案例进行场景转化，找到可借鉴要素。

第五步，依据对方的核心利益，将备选方案进行可能性排序。

第六步，对谈判破裂（双输）可能造成的双方利益的损害进行罗列。

第七步，对备选方案可能带来的预期成果进行罗列和排序。

第八步，在内部进行几次谈判模拟练习，对各种可能性进行查缺补漏。

反过来，作为谈判者，你也要特别警惕，不要让谈判中的一些不合适行为影响和限制了想象力与可能性，让谈判陷入僵局。不合适的行为常常有以下几种。

第一，只关心我方利益，不尊重对方核心利益。

第二，只讨论当下利益，不考虑未来任何利益。

第三，过于重视立场，忽视真正的利益得失。

第四，没有就事论事，而是陷入道德判断、意气用事。

第五，没有倾听对方的意见，陷入自说自话的状态。

第六，将可能性与可行性混为一谈，只要感觉不可行，就全盘否定。

第七，没有事先做功课，对行业案例缺乏深入了解。

第八，过于强调安全感，对任何异议都是先保持警惕，不信任对方的任何提议。

说到底，双赢谈判是想象力与可能性叠加的产物。摧毁了想象力，降低了可能性，都会使双赢谈判胎死腹中。而真正的同理心，核心仍在于找到解决方案。如果只有换位思考，没有想象力与可能性，也很难找到双赢谈判的密钥，无法打破谈判僵局；对谈判高手而言，想象力与可能性尤其重要。

方法三：凡事向前看，学会喊暂停

把谈判这个词分开，一个是谈，一个判。这就意味着必须耐着性子谈，必须在关键时刻判。在换位思考的基础上发挥想象力，创造可能性，才能谈出共识，判出方案。反过来理解，你会发现：冲突和分歧才是谈判的常态——如果双方在所有观点上都出奇得一致，哪还需要什么谈判？

换一个角度看，冲突和分歧意味着新的机会，这就会倒逼谈判双方超越当下的争吵，寻找新的解决方案。所以，在谈判中遇到冲突和分歧，你首先要告诉自己，机会来了——双方可能会谈出新的共识，会发现新的价值区域，会找到更优的共赢模式。因此，要想在谈判中占据主动，就需要凡事向前看。发现冲突背后的机会意味着找到了之前未发现的价值宝藏。谈判中，如何做到"凡事向前看"？

首先，要时刻谨记自己的核心利益。遇到任何挑衅或问题，都要提醒自己，不要忘记核心利益。你要的是解决问题，而不是争强好胜；你要的是取得成果，而不是斤斤计较。一旦忘记自己的初衷，被谈判中的情绪和氛围牵着走，搞不好就中了对方的圈套，甚至会伤害己方的核心利益。

其次，要给对方关于核心利益的提醒。谈判需要双方齐心协力。大多数情况下，人们仍然会看重当下的利益，会在乎面子，遇到意见分歧和观点差异时，往往会意气用事。因此，给对方关于核心利益的提醒，也是帮助对方冷静下来客观理性解决问题。任何不涉及核心利益的冲突和对抗，都是谈判中的干扰因素，双方都有义务推进谈判达成共识。

再次，要就谈判取得成果后的好处及谈判破裂会带来的影响，进行坦诚的沟通。请记住，谈判可不仅仅是说事，也不仅仅是砍价，更不是交替压制对方的游戏。除了利益层面的你来我往，双方还要将谈判破裂会带来的问题，以及谈判成功带来的好处，进行充分的沟通和交流。一旦双方都愿意达成一致，都愿意为了共同利益理性客观地讨论，就能营造"凡事向前看"的谈判氛围，针锋相对就会变成相互理解、换位思考，这将加速谈判成果的达成。

如何让谈判者从针锋相对的争吵中冷静下来？最好的方式是暂停。暂停会让双方冷静下来，会帮助双方回顾自己的初衷，减少不相干因素对谈判的干扰。要知道，很多冲突并非因为利益分歧而产生，恰恰是因为话赶话，把彼此逼到了墙角，本来可以协商的地方，也成为双方互不相让的领地。所以，暂停的好处就是帮助双方冷静下来，回到理性客观层面，将脱轨的谈判拉回正轨，以利于后续的谈判顺利推进。谈判中，该如何喊暂停？

第一个方法：双方提前制定"争执解决方案"。双方就可能发生的冲突情况制定相应的暂停机制，这不仅会有效减少争执，还会帮助谈判中的双方在争执出现时暂停。

第二个方法：提前设定谈判的时间节点。按照列好的谈判议题，排列谈判时刻，用时间节点来制造一个强制性的暂停时刻。千万不要小看节点价值，它会让谈判当事人进入"倒计时模式"，谈判效率也会大大提升。更重要的是，它能在关键时刻让双方冷静下来。

第三个方法：适时转换话题，或者切换谈判重点。如果不能按下暂停键，那就通过话题切换来转移谈判重点。不要小看这种适时的"打岔"，它会起到暂停的效果，也会让双方回归客观理性。

第四个方法：倒回到前一个话题，确认刚才达成的共识是什么。从之前确认好的共识出发，再进行当前话题的谈判，这也起到了暂停的作用。

第五个方法：回到双方的核心利益诉求。回归核心利益，就可以将偏离重心的谈判拉回正轨，也可以有效避免谈判陷入感性的僵局。

暂停的方法还有很多，在此不再一一举例。必要的时刻，有些议题下次再议，也是暂停的一种策略。所谓的"搁置争议"本质也是一种暂停模式，只不过时间周期被拉长而已。在双赢谈判中，必要的暂停也会给双方留下后续进展的余地，能避免在关系层面鱼死网破：留得关系在，不怕见面凉。

最后，在双赢谈判的实践层面，还有几点要特别提醒大家：

第一，不要臆测对方的动机。

尤其是当对方特别强势并做出一些看似肆无忌惮的行为时，请你回到客观理性的层面，不要随意贴标签，集中精力理解对方行为背后的动机。回到双方的核心利益，你会更容易赢得谈判主动权。

第二，要正确应对对方的最后通牒。

在谈判中，有人经常用三十六计之类的权谋之术搞定对方。他们尤其喜欢用最后通牒的方式"吓唬"对方——要不答应某某条件，就不谈了。要知道，这种言辞背后要么是对方的谈判策略，用来提高要价，希望在气势上占据优势，要么是情绪冲动，安全感不足或者极端焦虑，用类似的话来宣泄内心的悲观预期。因此，作为谈判者，一方面，你不要轻易采用最后通牒的谈判方式，不要让谈判陷入僵局；另一方面，如果对手采用了最后通牒，你也不要过度反应，你可以视而不见、听而不闻，回归谈判初衷和核心利益，将谈判局面切换到正常轨道。

第三，不要把"无共识"理解为失败。

达成共识当然是谈判进展的重要标志，但共识不是每时每刻，也不是非要一次谈判就达成所有共识。尤其是难度较高的谈判，在谈判的最初阶段，双方能把所有的分歧和意见摆出来，就已经算是重要进展了，苛求一次性解决所有谈判问题既不客观也不可能。因此，拿到阶段成果，给双方留有余地，通过必要的暂停和时间切换解决谈判问题，才是双赢谈判者的正确选择。

这正是：以退为进达共识，勿要时时争胜负，关键时刻叫暂停，向前一步是双赢。

本章小结

....

① **谈判中，谈判者如何做到"凡事向前看"**

- 要时刻谨记自己的核心利益

- 要给对方关于核心利益的提醒

- 就谈判取得成果的好处及谈判破裂带来的影响，进行坦诚的沟通

② **进行同理心谈判，有三大方法**

- 方法一：换位思考，尊重对方核心利益

- 方法二：发挥想象力，创造可能性

- 方法三：凡事向前看，学会喊暂停

③ **要实现双赢谈判，谈判者要避免三个误判**

- 不要误判对方的动机——不要瞎猜，要回到客观事实

- 不要误判对方的最后通牒——可能是情绪，也可能是策略

- 不要误判谈判的进展——无共识，并不代表谈判失败

有话好好说

职场说话方法论——基于想象力的 ICAP 解决方案

Interest
代表利益

Constrains
代表约束条件

解决方案

Alternatives
代表备选方案

Perspective
代表不同角度

职场说话工具包——谈判中，谈判者如何喊暂停

1	双方提前制定"争执解决方案"
2	提前设定谈判的时间节点
3	适时转换话题，或者切换谈判重点
4	倒回到前一个话题，确认刚才达成的共识是什么
5	回到双方的核心利益诉求

第 11 章

将心比心真双赢

——薪酬谈判四部曲

问题导读

1. 为什么加薪谈判成为很多职场人士的禁忌？

2. 如何构建公平合理的薪酬谈判环境和条件？

3. 老板和员工在薪酬谈判层面为何水火不容？

4. 关于薪酬谈判，老板和员工的常见错误是什么？

5. 如何让薪酬谈判成为公司增长的良性动力？

如果你恰巧在为如何向上级提加薪的事烦恼，那么恭喜你：接下来的两章，就是助你顺利加薪的"秘方"。

加薪在心口难开！这不仅是勇气问题，还是技巧问题。一想到那个满脸堆笑，你还没说出口，就能把你的所有想法全猜透，并会让你无话可说的领导，你就会一阵阵悸动：不说吧，憋在心里难受，也没法向老婆交代；说吧，这还没开始，就被领导给浇灭了希望，还说个什么？

看来，薪酬谈判这件事并不简单。在"官大一级压死人"的传统文化语境中，尤其是在金字塔式的企业组织体系中，上级的评价往往关系到一个员工的升迁进退。很多人会想如果我主动和上级谈加薪，他会怎么评价我？万一他不答应，我该走还是该留？如果他借机给我穿小鞋怎么办……

正是如此多的顾虑和压力使下属在薪酬谈判中处于被动位置。甚至在很多强势老板看来，加不加薪是公司决定的事，员工和公司谈加薪，真是胆儿不小。这些主客观的因素都让下属发起的薪酬谈判进展迟缓、无果而终，甚至还没开始就结束了。难道就没有破局的办法了吗？

有。市场经济怎么可能一方说了算？之所以存在薪酬谈判难题，不仅和员工缺乏有效的谈判策略有关，还与上下级关于薪酬的认知误区有关。要真正解决薪酬谈判问题，我们必须回到上下级关于薪酬的真实认知，剥茧抽丝，才能解决问题。

老板对薪酬的三大错误认知

关于薪酬这件事，我们先来看看老板对薪酬的三大错误认知。

认知一：干多少活，给多少钱

-

这句话听起来天经地义，但这种认知存在几个假设。第一个假设是公司给员工的薪酬标准是公平的，第二个假设是公司对员工的考核标准是公平的，第三个假设是薪酬的主动权从来都在老板手里。

这三个假设其实漏洞百出。先看第一个假设，公司给员工的薪酬标准是公平的。公平与否，不是看自己的企业，而是要横向看行业情况。如果行业高速发展、倍速增长，显然老板不能按照线性标准给员工加薪。因此，要从行业看本企业的薪酬标准是否公平。但问题是，有几个老板真正在意第三方机构发布的行业薪酬标准，又有几个老板真相信这样的数据报告？长期养成的拍脑袋习惯，会让老板们普遍认为公司给员工的薪酬标准是公平的。

再看第二个假设，公司对员工的考核标准是公平的。公平与否，要看公司的绩效考核体系。这关系到 KPI 设置，关系到不同岗位的公平性，关系到部门之间的公平性。事实上，国内很多公司的绩效考核体系是自上而下的，很难有自下而上的绩效考核机制沟通机会，在定考核的时候员工就有不满，怎么能让他在考核的时候感觉到公平呢？退一步讲，绩效考核的公平问题是个世界级难题，要做到公平公正，对公司的管理水平提出了更高的要求。

还有第三个假设，薪酬的主动权从来都在老板手里。这个假设背后，是老板过于自信的表现。在行业高速发展期、企业具备核心竞争力与比较竞争优势、遥遥领先于对手的时候，老板的这种自信可以理解。但并非所有公司、所有时期都能保持这种领先，优秀人才都有向上流动的冲动，处于深度调整期或行业下行期的企业，并不具备薪酬主动权，无论老板承认与否，这都是真相。

认知二：加薪可以，先提升能力

-

事实上这是一句无比正确的废话，就和鸡生蛋、蛋生鸡这个问题一样。薪水当然要代表能力，但到底是先涨能力，还是先涨薪水，这问题要比微积分复杂多了。

老板的这种认知也存在两个假设。第一个假设是，之所以不给你加薪，是因为目前的能力不够；第二个假设是，能力评价标准在公司，目前看来，公司认为你的能力还有待提升。

针对第一个假设，老板们要认识到：要取得业绩（绩效），员工的能力确实是关键因素。但请不要忽视公司制度、文化、平台、商业模式、产品、研发等层面的影响。完全以员工个体能力论英雄（结果）的公司，基本都是小公司。反过来，如果一家公司的业绩全靠某个能力强的员工获得，那么这位员工为什么不自己创业？所以，老板们要切记：打造强大的公司能力（流程、制度、文化、产品等），本身就是老板和管理者的使命，员工能力只是获得公司业绩的重要因素之一，而不是全部。

针对第二个假设，能力的评价标准在公司。老板们要意识到：能力怎么样和能力发挥多少其实是两码事。招聘时，公司往往会评估员工能力怎么样；入职后，公司真正需要的是员工能力发挥多少。马云曾说，一家公司追求岗位"高配"（高学历、高资历、高行业资历等），未必是好事，这本质上也是在说能力发挥的问题。因此，能否创造让员工能力发挥的条件（流程、制度、培训、文化等），也是老板要关心的重要议题。

认知三：公司给的薪水不低，公司也不易

-

这也是老板们常说的一句话。这种认知也隐藏了两种假设：第一个假设是，公司给的薪水是行业中上游水平，或者平均水平以上；第二个假设是，公司发展也不容易，老板有老板的苦，员工怎么就不能理解一下。

关于第一个假设，公司给的薪水是行业中上游水平。就像前文提到的，这个结论需要客观的第三方数据，或者至少是周边熟悉的同行企业，如果没有做过调查了解，这种结论显然难以服众，只能是老板的感性认知。

关于第二个假设，老板不易，公司也有苦衷。这句话的问题最大，转化一下场景大家就明白了：假如一家公司正遭遇产品质量困局，被很多客户投诉或退货。这个时候，公司能告诉客户你们不要逼得太急，我们也不容易，能抬抬手，降低一下标准，让公司先渡过当下的危机吗？请问，客户会答应吗？事实是，客户扭头就会把订单给你的竞争对手。要知道，这不是什么情感冷漠问题，这是基本的常识和游戏规则问题——一家公司不提供价值，凭什么获得客户的尊重？所以，我们都能

理解老板的痛苦和不易，但哪一个成功的老板，不是痛苦往肚子里咽，执着而坚定地前行？所谓的忍辱负重，其实也是老板自我修炼的一部分。

员工对薪酬的三大错误认知

由此看来，老板们存在的这三大错误认知，成为上下级薪酬谈判中的关键障碍。反过来，员工也有三大错误认知，也在事实上影响了薪酬谈判的客观理性。

认知一：给多少钱，干多少活

-

这个认知和老板的认知针锋相对。站在员工的角度，这当然说得通：公司才给 5000 元，凭什么让我干 10000 元的活；公司只给我一个主管的待遇，凭什么让我操老板的心？

其实，员工的这个认知往往会成为职场发展的拦路虎，也是很多员工注定平庸的关键因素。为什么这么说？原因是作为员工，薪水并非你工作的全部，你也不能把身家性命都押宝在这家公司所给的薪水上。薪水重要，你在单位时间创造价值的能力更重要，你随着工作难度提升所获得的经验和视野更重要，你在工作中积累的案例、口碑和创新力更重要。说到底，你的时间价值不止那一点薪水，现在的薪水高低也丝毫不代表你未来的收入水平。能被猎头挖，能被公司的竞争对手抢，能搞定同事搞不定的项目，才是评价能力的最佳方式。

所以，和上级谈加薪可以，谈你的期望薪水也可以，但千万不要在薪酬谈判前自怨自艾，天天想着"给多少钱、干多少活"，那只会让自己更堕落。

认知二：要是离开这家公司，我肯定能拿更多

-

你真的是这么想的吗？

如果是，我要提醒你两件事。第一，即便有外部公司愿意给你更高价格，但也同时意味着对方期待更高的价值和产出，如果你能力本身有问题，换个平台也很难解决身价问题。第二，一时拿到更高的薪水并不难，但外部公司也需要你持续提供高价值产出。在薪酬这件事上，从来就没有无缘无故的爱，千万不要让薪水上去了，工作意识、经验、水平和能力却还停留在前一家公司。一旦出问题，新公司可不会和你谈感情问题。因此，对自己评价中肯，才是最务实的自知之明。

所以，还是回到能力和成果层面来评价自己。比如，可以请一些行业中高水平的朋友，客观评价一下你过去一年最具代表能力和水平的案例或项目，聚焦到成果层面，才能理性客观，才能真正做薪酬对标。就好比两个项目，如果难度系数不一样，项目复杂度不同，对创新的要求不同，即便两个项目都取得了满意的成果，你也不能给两位项目经理打相同的分吧。

认知三：我其实不在意钱

-

承认吧，其实你很在意钱。不是吗？

要承认这一点很不容易。很多员工会说，我如果在意钱，早就向老

板提出加薪要求了，还用等到现在？但问题是，如果你真不在意钱，怎么这段时间一直耿耿于怀、如坐针毡？大大方方地承认我在意钱，这本身没什么不对，干吗还要告诉老板不在意钱，这不是给自己挖坑吗？

事实上，当一位员工提加薪（在意钱）的时候，并非仅仅说钱本身，更重要的因素是评价。在员工看来，薪水多少代表了老板和公司对他的认可度和满意度——如果总没有加薪，是不是老板对我不满意；为什么给同事加薪，不给我加薪；老板到底怎么看我；等等。

正是老板和员工之间针尖对麦芒的这些认知错位，才使得薪酬谈判变得险象环生、变数不断。回归到正确的薪酬认知，才能更好地进行薪酬谈判。薪酬是市场价格的公平体现，薪酬是员工价值的公平体现，薪酬是公司评价的公平体现，有了这个前提和基础，薪酬谈判的难度将大大降低。从员工角度而言，薪酬谈判的关键在于将心比心：如果你是老板，你会怎么想，你会怎么处理员工的加薪要求，你会顾虑什么，你会担忧什么，你需要对方给你什么，等等。有了这个换位思考的出发点，你可以通过以下四步操作方案实现薪酬谈判。

薪酬谈判的四个步骤

步骤一：谈薪酬，必先谈价值——我为公司创造了什么

不谈价值贡献的加薪，就像不给回报的付出，都是耍流氓。因此，向上级和公司展示过去的成绩与产出，这相当有必要。如何与上级谈价值？

方法是：请用事实和数据说话。千万不要告诉上级你有多辛苦。辛苦是没有价值的，绩效和业绩才有价值。如果你的价值贡献不能被公司所认可，只是加了多少班，多少个周末无休，外面好多公司来挖都没走这样的话，显然不是上级眼中的价值贡献。

如果你能用事实和数据告诉上级，你在部门和团队的贡献占比，你有多少的业务行为获得了客户和公司点赞，你有多少改善方案和创新提案被公司采纳，你为公司培养了多少人才，你在公司战略与变革过程中有哪些标杆行为和成果等情况，这些事实数据不仅厚重，还能为你的加薪数字增加不少成色。

步骤二：谈薪酬，必谈规划——我的职场生涯是如何规划的

谈未来，现在的决策与行动才更有价值。为什么要和上级聊你的职场规划？这其实是在和上级谈预期。本质上，员工和公司之间必须需求匹配：公司需要员工的能力和成果，员工需要公司的平台和回报，而他们之间的交集恰恰是双方的预期。

只谈规划就可以吗？有人说，你的规划和公司有什么关系？没错。不能只谈你的职业规划，还要和上级、老板谈一下如何理解公司和部门的战略规划，你的职业规划与公司和部门规划之间的关系。想想看，如果双方都没有啥未来（规划）的交集，还搞什么薪酬谈判？

因此，在谈个人职业规划前，如果能回顾下公司和部门战略规划，对照战略规划需要或岗位需要提升的能力要求（胜任力），再回到个人职业规划的沟通，这才叫将个人的未来关联组织的未来。既然大家都是为了共同的未来，薪酬那点事，就真的不算事了。

步骤三：谈薪酬，必谈认同——我对组织文化与价值观的理解

-

薪酬肯定是某岗位市场价格的体现。但薪酬本身还不光包括市场价格，很多公司给出的年限工资、老员工专享津贴、十年成长奖之类的薪资福利，就包括对老员工的认同和奖励。相同的薪资水平，你选了 A 公司，没选 B 公司，真正影响你做出选择的，除了行业发展前景，一定还有 A 公司的文化与价值观。这也是企业文化的价值所在。

既然如此，谈薪酬就一定要谈对企业文化与价值观的认同。如果没有认同，只是薪资水平的高低，站在老板的角度，他凭什么要给你多加薪水？与"相爱"的人携手未来，总要比只看重钱的人携手未来更有前途吧。所以，薪酬谈判，一定要给老板和上级一个爱它的理由。

步骤四：谈薪酬，必谈行动——加薪后，我会怎么做

-

光谈目标、拍胸脯还不够，如果能告诉老板和上级，你会采取什么行动和措施来保证目标的达成，会做出哪些改进和创新，会给公司或部门带来什么样的变化，这就给薪酬谈判上了双保险。

行动比目标更靠谱，措施比计划更可信。正常情况下，在薪酬谈判中，老板和上级内心挥之不去的担忧是：给这小子加薪后，万一竹篮打水一场空，怎么办？因此，你列举的行动和措施，本质上是给上级安全感，提前解除老板的担忧，让薪酬谈判更顺利，成果更易达成。

这四步操作流程也是国内很多优秀企业经理人的卓越实践，供大家参考。需要特别说明的是，以上的场景假设是基于一家公司内部的薪酬谈判，没有涉及离职后到另一家公司面试时的薪酬谈判。如果你面临新

入职的薪酬谈判，可以让上述场景和问题进行转化，需要花时间研究新入职公司的业务、文化、管理等相关情况，这样的准备同样可以帮助你赢得薪酬谈判的主动权。

还要特别指出的是，薪酬谈判不同于甲乙方的商业谈判。如果你是一位遭到各家公司爆抢的"三高"人士（高能力、高资历、高水平），就没有薪酬谈判的可能性；同样，如果一家公司的岗位面临数倍、数十倍的应征者，也根本没有薪酬谈判的可能性。通常情况下，下属往往在薪酬谈判中居相对弱势地位，这也是为什么本文做如上场景假设的原因。期待你的薪酬谈判能让双方都满意。

本章小结

··

① **关于薪酬这件事，老板们的三大错误认知**

- 认知一：干多少活，给多少钱

- 认知二：加薪可以，先提升能力

- 认知三：公司给的薪水不低，公司也不易

② **关于薪酬这件事，员工们的三大错误认知**

- 认知一：给多少钱，干多少活

- 认知二：要是离开这家公司，我肯定能拿更多

- 认知三：我其实不在意钱

③ **有关薪酬谈判的客观性的三种视角**

- 视角一：横向看，当下（岗位）薪酬的行业竞争力

- 视角二：纵向看，当下（岗位）薪酬的能力胜任力

- 视角三：左右看，当下（岗位）薪酬的相对公平性

职场说话方法论——薪酬谈判的四大关键要素

职场说话工具包——薪酬谈判的四步操作方案

1	谈薪酬，必先谈价值——我为公司创造了什么
2	谈薪酬，必谈规划——我的职场生涯是如何规划的
3	谈薪酬，必谈认同——我对组织文化与价值观的理解
4	谈薪酬，必谈行动——加薪后，我会怎么做

有话好好说

第 12 章

你情我愿不遗憾

——薪酬谈判六大策略

问题导读

1. 为什么给老板展示辛苦程度对于加薪毫无益处？

2. 某些员工攀比型的加薪要求，到底错在哪里？

3. 在薪酬谈判问题上，如何给老板多项选择？

4. 在薪酬谈判中，如何系统全面展示自身工作价值？

5. 如何让加薪谈判成为老板和员工双赢之举？

老板反感的四大加薪要求

尽管我们在上一章掌握了薪酬谈判的四步操作流程，但不要就此认为薪酬谈判就会一帆风顺。薪酬谈判不仅会涉及双方的利益分配（割谁的肉都不好），还会涉及双方的情绪、谈判的氛围和公司当下所处的竞争环境。因此，要达成双赢的薪酬谈判，你还要规避几个雷区，不要陷入"老板反感的加薪要求"。

第一类：劳苦型加薪要求

-

这是老板最反感的下属要求的加薪方式，也是最无效的加薪谈判模式。原因是劳苦从来就不是老板为你的薪酬买单的理由。

换个角度理解，或许你更能看清楚本质。比如，乙方可以与甲方说，因为我们员工带病加班，甲方应该给我们付款增加 30% 吗？没有哪一个正常的乙方会这么做，也没有哪一个正常的甲方会这么做。那种"没有苦劳，也有功劳"的加薪逻辑，完全就是一种弱者思维，很难在老板那里得逞，还是少用为好。

另外，一旦这种要求变成习惯，就意味着你会在内心深处接受"劳苦＝价值"的认知判断，然后就会不自觉地重复这种认知模式——越来越多的劳苦，越来越少的功劳。一旦被劳苦深度捆绑，想绽放人生就太难了。

第二类：攀比型加薪要求

-

因为同事升职加薪，所以你也要加薪？笑话。领导给同事加不加薪，和你没有半毛钱的关系。加薪的唯一正当理由是价值创造，如果真要攀比，就先比比自己和同事的成果产出，给公司做出的绩效贡献。脱离成果谈加薪，脱离能力谈加薪，都是一种莫名其妙的胡扯。

所以，不要再拿别人加薪来说事了。和老板进行薪酬谈判，就谈自己的价值产出，就谈自己的预期和诉求，就谈自己接下来的行动措施。少攀比的加薪谈判，才能实现真正的双赢。

攀比的另一个恶果是只看到别人的风光，没看到别人的付出。因此，很难将优秀同事的方法论为我所用，也不屑于学习别人的优秀做法。这是很多人在职场长期孤军奋战的原因之一。

第三类：要挟型加薪要求

-

"要是老板不答应我的加薪条件，哼，等着瞧！"

这种就是典型的要挟式加薪要求。有人甚至以消极怠工的方式来表达自己的不满，还有人会采取冷战的方式给老板施压，直到老板满足自己的需求为止。

退一步讲，如果老板和上级最终答应了你的加薪要求，你觉得上级心里痛快吗？最终决定给你加薪，或许是迫不得已的无奈之举，但这件事会让你在上级心目中的印象变差，一旦情况反转，这种积累的不满也会让老板有意外之举。从长期看，这种要挟式的加薪要求，往往是短期得利，长期失利，得不偿失。

更何况，很多老板和上级是绝不接受要挟的。要挟的背后根本不是尊重，而是有恃无恐。如果一个员工对组织没有基本的敬畏，不遵守组织规则，即便能力再强，哪一个老板还愿意重用这类员工？

第四类：暗示型加薪要求

-

还有一类员工，总喜欢拐弯抹角，明明有加薪的要求，但每一次都不直接和老板谈，而是顾左右而言他，期待老板能明白自己的良苦用心。

这就遇到两个问题。第一个问题是老板很忙，有可能说者有心，但听者无意。如果老板听不出你的弦外之音，加薪的问题根本就无从谈起。第二个问题是老板可能听出了你的加薪要求，但他也可以装作听不懂，或者也采取类似暗示的方法反馈给你。两个人都不直接谈加薪，都通过暗示来回应对方的诉求，像接头暗号那般神秘，这样的加薪谈判，充其量只是交流而已，根本不能达成你的诉求。

加薪谈判的六大策略

远离这四大加薪要求雷区，你才能发现薪酬谈判的正确打开姿势——既要为自己争取合理的薪酬待遇，又要充分尊重公司的制度规则，以积极正向的心态进行薪酬谈判，最终实现你和公司的真正双赢。具体来说，加薪有六大策略，供大家参考。

策略一：价值优先策略

-

价值优先，即先谈价值，再谈薪酬。

薪酬是个假问题，价值才是真问题。什么是价值？最直接的理解是你值多少钱。问题是，如何评价你的价值？一般有两个标准来评价：一个是总量标准——过去你给公司创造的业绩或绩效产出；一个是结构标准——你所创造的绩效产出占部门或公司的比例。

如果说总量标准代表了你过去总的价值贡献，那么结构标准则代表了你在团队中的能力或贡献排序。有了这些事实和数据，你值多少钱的问题就变得清晰、客观了，也更容易被上级接受。同时，通过梳理过去的价值产出，也能帮助你回顾和总结，并客观评价这家公司给你带来的成长助力，即便是老板不认可，也能帮助你打开思路，重新找回自己的职业初心。

为什么要先谈价值，再谈薪酬？还是要回到薪酬谈判的另一方——老板。实际上薪酬高低反映了公司或老板对你的总体评价，但这种评价未必是公平的，也不能保证时时公平。大多数下属发起的薪酬谈判往往基于这样一个前提假设：我认为过去给公司创造的贡献多、产出多，但目前的薪资水平不能有效反映真实情况，公司和老板对我的评价失真。这是薪酬谈判的缘起，也是薪酬谈判的破局点。一旦解决了老板和上级认可的问题，薪酬谈判的结构问题就消除了，双方更容易达成一致意见。

所以，千万不要在薪酬谈判开始前就怨天尤人，也不要谈太多这么多年如何不容易之类的话。回到事实和数据，回到价值产出和贡献，薪酬问题就不难解决了。

策略二：多项选择策略

-

多项选择，即多准备几个方案，不要期待一锤子买卖。

谈判都能如你所愿？当然不能。初级谈判者经常犯的两个错误是一厢情愿的自以为是，单一变量的前提假设。

什么是一厢情愿的自以为是？意思是要么高估自己的谈判水平，要么低估对方的谈判水平，这就使得谈判前的准备工作不充分。而且，很多人觉得自己的加薪要求天经地义，老板会答应的。在薪酬谈判前，你首先要回到客观事实，绩效如何、团队排名如何，能力水平如何等。越能知己，越能有效应对各种谈判变局。

什么是单一变量的前提假设？意思是考虑加薪要求时，只想到自己的公平问题，没有考虑公司的相对公平问题，也没有想过公司战略变革、组织结构调整、行业发展阶段转换的问题。究其原因，还是因为你活在了自我的世界，以为世界只能围着你转，如果上述变量都考虑进去，恐怕你的加薪要求就必须重新调整了。越能知彼，越能找到更优的谈判方案。

所以，为了能达成双赢，你需要多准备几个方案。什么是自己可以接受的最低限度的加薪方案，什么是自己不能接受的底线，什么是自己最想要的解决方案，什么是老板愿意答应但对自己风险压力最高的方案，等等。在准备方案的过程中，你还能发现新的问题和应对策略，也能把谈判中可能遇到的突发情况进行预演，避免打无准备之仗。

策略三：正反假设策略

-

正反假设，即展示未来的不同预期和结果。

在老板看来，加薪与否，并非是针对员工过去的行为，而是基于未来的成果。所以，在加薪这件事上，老板和员工的认知判断不同：在员工看来，我过去做出了成绩，所以需要加薪（成本付出）；在老板看来，未来公司想收益更多，所以给你加薪（投资思维）。一种是成本认知，一种是投资认知。不同的认知模式决定了双方不同的谈判思路。

所以，在薪酬谈判前，如果员工能换位到老板角度，可以少谈过去做了什么成绩（这其实是一种资格，连这个都没有，谈判的前提就不存在），多谈未来你要做出的贡献，这样双方达成共识的可能性更大。在认知层面同频共振后，你就可以采用正反假设策略进行应对了。

什么是正面假设？意即"如果公司同意加薪，我今后会怎么做"。这是一种对未来的预想和判断，也符合老板心目中的"加薪是一种投资"的心理认知。当然，不是拍胸脯表决心那么简单，你还需要告诉上级你要采取什么行动措施保证目标的达成，你的承诺是什么，为什么实现的概率很高，你会有哪些创新和改进行为，等等。一旦正面假设到位，双方的加薪预期就能达成共识。

什么是反面假设？意即"如果不同意加薪，会怎么样"。请记住，这并非让你告诉老板，如果不加薪，"我就消极怠工""我就不再努力""我就搞破坏"云云，那岂不是变成了一种威胁？这里的反面假设，其实是换一个视角，从公司和组织层面，向领导展示不加薪的问题所在。比如公司战略的顺利推进、员工对公司的信任、公司考核机制的公平问题等。这种讨论更容易赢得老板的认同，也更容易帮助你推进薪酬谈判进程。

策略四：目标锚定策略

-

锚定目标，也就是先统一工作目标，再达成薪酬共识。

总纠结于过去的绩效评价，可能还是会陷入"公说公有理，婆说婆有理"各执一词的状态。这不仅是因为双方的立场不同，还有各自评价标准的不同。站在员工的立场，你总会想到自己各种工作的不易和隐忍，总会想到自己无数个加班之夜，总会觉得付出与回报不对等；站在老板的立场，他总会想到公司各种不易和隐忍，总会想到作为老板的各种付出，总会觉得付出与回报不对等。简而言之，各有各的苦衷，各有各的难处。

因此，与其纠结于过去，不如回到未来，想想目标。未来的发展，才是双方都想要的，如果就未来的目标达成一致，显然薪酬谈判的阻力就会大大降低。所以，上下级要就组织的短期目标与长期目标进行沟通，实现目标对公司意味着什么，对员工意味着什么。既然达成目标对双方都有利，所谓的加薪谈判就变成了相向而行，而不是背道而驰。

在目标沟通中，员工也要告诉老板，你的个人目标是什么。作为组织的一员，你当然应该为了公司目标而奋斗，但这并不妨碍你在组织发展过程中实现个人的"小目标"。作为个体，你有事业目标，也有家庭目标，还有诸如成长、学习、社交等目标，这些目标的达成都将有助于公司目标的实现。反过来讲，既然员工把公司目标当成义务，显然公司也有义务帮助员工实现个人目标，双方越坦诚，薪酬谈判的进程就越顺利。

策略五：对等承诺策略

-

信任是基于承诺，合作是基于对等。正如前文所言，加薪是个假问题，公司对员工的认可，员工对公司的认同，才是薪酬背后的真问题。因此，薪酬谈判的背后，是双方就认同度达成一致，对未来做出对等承诺，让双方携手走得更远。

所以，加薪当然是可以的。问题在于，你要向老板承诺，加薪后你将做出什么贡献，将为公司提供什么价值。如果没有贡献和价值层面的承诺，加薪谈判就变成了一场不对等的单向诉求。从这个角度理解，加薪其实是公司对员工远期行为的提前变现，是员工对公司成长发展承诺的信用透支。有了对等承诺，薪酬谈判就实现了真双赢。

不加薪可以吗？当然也可以。员工也可以将此理解为公司对自我的认可度，对未来发展水平的预期。一家公司的发展很少只有增长没有下滑的，员工的正常流动本质上都是向薪酬高的行业和企业迁徙。但迁徙的前提还是能力和水平，如果不能贡献价值，不能给组织提供有效产出，你的迁徙资格就没有了，迁徙通道就会暂时关闭。因此，多关心薪水背后的能力与成长，用价值创造为自己未来的市场价格（高薪）背书，才是加薪谈判的硬通货。

反过来，如果老板只给空头支票，给的都是未来的许诺，甚至根本就无法达成，那么作为员工的你，也要特别小心。薪酬谈判的前提是双方还希望继续合作下去，如果老板一点诚意都没有，缺乏彼此信任的基础，还谈个什么啊。这个时候，我们就应该记住那句话：有一种爱，叫放手。

策略六：不谈而胜策略

-

标签是自造的，印象分是积累出来的。

很多老板都喜欢给员工贴标签。为什么贴标签？倒不是因为老板有什么个人嗜好，而是随着公司发展壮大、员工越来越多、上下级的距离越来越远，上级要解决如何了解、使用和评价员工的问题。所谓贴标签，就是用几个关键词对员工所发生的几个典型事件进行高度抽象和概括，建立自己的认知图谱，简化解决很多复杂问题。

贴标签会不会以偏概全？一定会。老板和上级也不是万能的，员工这么多，任务这么多，他怎么可能花时间和精力调查清楚所有问题？不可否认的是，老板用贴标签的方式简化了问题的判断和决策，提升了工作效率。至于贴标签是否造成对员工的不公平评价，那显然是贴标签的副作用产物。

反过来，贴标签为何不能为员工所用呢？既然上级早晚都会给你贴标签，干吗不让他一开始就给你贴一个正确的标签？作为员工，在老板向你交代第一件工作、某一项特别重要的任务时，在某一次重要会议、公司内部遭遇的某次协作危机等重要时刻，你都需要认真把握和参与，为自己在上级心目中赢得较好的评价，从而给自己自造一个好标签。有了好标签护身，至少可以大大减少负标签在身上引发的负面效应。

贴标签也是印象分的一部分。薪酬谈判中，除了之前提到的事实和数据，除了过去取得的成绩及未来期望达成的目标，不可否认的是，你在老板心中的印象分特别重要。它将决定薪酬谈判进程是否顺利，你的谈判条件能否快速被上级认同，你的承诺能否被老板采信，等等。这也不是谈判桌上的技巧，而是一位员工需要长期坚持和投入的地方，说白了，这也是个人职场品牌的一部分。所谓"功夫在戏外"，说的就是这个意思。看来，真正的谈判高手，并非谈判桌上的舌战群儒，而是不谈而屈人之兵。省出来的时间，用来提升个人能力和水平，为公司多做价值贡献，这岂不是双赢的事?

薪酬谈判，不仅关系到你的钱袋子，还关系到你的未来发展。兹事体大，不可不察。应用上述六大策略，让薪酬谈判成为你的职场加速器，成为你和公司共同发展的有效见证。

本章小结

· ·

1 **在薪酬谈判层面，自我价值评估的两个标准**

· 标准一：总量标准——过去你给公司创造的业绩或绩效产出

· 标准二：结构标准——你所创造的绩效产出占部门或公司的比例

2 **关于薪酬谈判这件事，员工常犯的两个错误**

· 错误一：一厢情愿的自以为是

· 错误二：单一变量的前提假设

3 **在薪酬谈判中，老板最反感的四大加薪要求**

· 劳苦型加薪要求

· 攀比型加薪要求

· 要挟型加薪要求

· 暗示型加薪要求

职场说话方法论——薪酬谈判的六大策略

....

1 价值优先策略——先谈价值，再谈薪酬

2 多项选择策略——多准备几个方案，不要期待一锤子买卖

3 正反假设策略——展示未来的不同预期和结果

4 目标锚定策略——先统一工作目标，再达成薪酬共识

5 对等承诺策略——信任是基于承诺，合作是基于对等

6 不谈而胜策略——标签是自造的，印象分是积累出来的

职场说话工具包——薪酬谈判中如何应用正反假设策略

....

1 换位思考——老板如何评价我和我的岗位

2 正面假设——加薪后，我会对公司有什么贡献

3 反面假设——不加薪所带来的公司战略与机制公平问题（非个人）

4 达成共识——对老板和公司的决定表达理解与认同

职场说话场景四

🎤

高效演讲
——如何反转自说自话的自嗨演讲

第 13 章

先声夺人

——巧妙开场的三大策略

问题导读

1. 一场精心准备的演讲为何会失败?

2. 与内容相比,演讲者应该如何设计形式和结构?

3. 提问式开场为何成为高效演讲者的法宝?

4. 为什么高效演讲者个个都是故事大王?

5. 如何按听众需求设定研究主题?

何谓演讲？最通俗的理解就是当众讲话。为什么很多人在私下聊天神采奕奕，到了演讲场合却额头冒汗、词不达意，甚至紧张得说不出话来？

原因是当众说话所引发的压力和紧张感。私下聊天可以侃大山，可以吹牛，可以尽心而谈。但当众说话，尤其是在正式的场合，说话需要有依据，说话需要负责任，说话需要有逻辑，如果再有一些权威人士在场，面对现场的万众期待，从内心深处袭来的压力和紧张就会让演讲者觉得浑身上下不自在，别说超常发挥了，就是完整表达意思也变得困难了。

如果再进一步，我们还可以这样理解演讲：演和讲。讲，需要逻辑清晰、用词准确、脉络清楚；演，需要绘声绘色、起承转合、收放自如。某电视台曾有一档《超级演说家》的选秀节目，如果你仔细观察优秀演讲者的场上表现，就会发现他们的演和讲可谓形神兼备，既能说清楚问题，又能引发观众的共鸣，引得现场一阵阵掌声。

确切地说，演讲应该叫讲演——先学会讲，再做到演，如果讲话都讲不清楚，就别提演好的问题了。在实际工作中，很多人都遭遇过类似的演讲窘境和难题。无论是公司内部的流程沟通，还是面向客户的产品发布，或者社交场合的即兴演讲，都需要你面对一群人正经讲话。讲清楚仅仅是第一步，更重要的是，你的听众愿不愿意听，他们对你的话题是否感兴趣，如何将他们从低头刷手机的状态中拉出来，如何让甲方的评标人员眼睛放光，这些都需要精彩的演讲。有句话说，演讲搞不好，后果很严重。

糟糕演讲的四大特点

在了解什么才是好的演讲之前，有一个更重要的问题需要我们搞清楚：那些让人哈欠连天、毫无兴趣、总想要离场的演讲，都有什么特点？为什么这些演讲如此糟糕，到底哪里出了问题？从经验看，一般糟糕的演讲，往往会有四个特点。

特点一：信息量超载

-

或许是知识储备过多的原因，有的演讲者信息量超大，从上下五千年到中美关系，从原始部落到伦敦出租车，知识点多到数不过来。这类演讲者，往往知识面广，信息掌握得很全，其出发点也是希望能在短时间内给听众更多的内容。

但好的出发点不代表好的结果。这类演讲者应该检讨三个问题：第一，是否提前做过听众的群体研究，他们是什么样的知识水平，带着什么问题来，最关心什么问题等；第二，是否针对主题做过内容优化，哪些知识点可以先不讲，哪些内容要重点讲，哪些层面可以先不展开讲等，没有内容优化，就会出现信息量超载的情况；第三，是否考虑过演讲表达方式，要针对听众的特点，采取不同的表达方式，是学术一点好，还是通俗一点好，是数据型表达，还是故事型表达，把表达方式考虑清楚，就等于给演讲定下了基调。

特点二：强制性接收

-

有些演讲者，本身的内容很有逻辑性，层次分明，但完全按照自己的逻辑来，根本不考虑听众的反应。我曾见过一位演讲者，把公司产品的数十个优势和卖点通通讲给听众，没有分主次，全都平均用力，全程都活在自己的演讲逻辑里，根本没注意到下面的听众已经陆续走了四分之三。

这类演讲者的根本问题在于：没有真正做到听众导向。用自己的逻辑绑架听众的喜好，给自己设定的任务就是赶快讲完，根本不管听众是否消化，或者听众接收到什么信息。现实工作中，这类演讲者往往有强烈的自我导向，凡事从自我出发，你喜不喜欢听是你的事，我只要讲得爽就行了。通常，他们只有碰到特别挫败的演讲体验，才会有意识地改进。

特点三：内容不相关

-

有一类演讲者，讲得手舞足蹈，讲的内容也很精彩，逻辑也很清晰，但下面的听众还是在不断地离开。这就是典型的演讲内容不相关问题——不懂得听众的痛点，不理解听众的共鸣，拿什么赢得听众的兴趣？

这类演讲者的问题，也在于不了解听众，没有提前确认听众的兴趣和关注点。或者，他们根本就没有什么前期的听众研究，只拿着一套PPT到处复制，哪怕是过时的案例和段子，也都会按标准进行重复。那些可怜的听众，只能苦笑着接收过时的笑话和故事，摇着头离场。

特点四：观点不明确

-

这和信息量超载有点类似。相同的是演讲者的信息量很大、内容很多，不同的是这类演讲者说了半天，却没有听众知晓他的观点是什么。要么没有鲜明的观点，要么有十几个观点，全程都是云里雾里的感觉，听众们早就不耐烦了。

这类演讲者存在的问题是：在演讲结构层面不过关。真正的演讲高手，不是按照自己的内容逻辑去梳理结构，而是按照听众的理解层次来设计内容结构。有了从听众出发的结构化设计，基本都能让内容够到听众的嗨点，更容易产生共鸣。

通过梳理以上问题，我们可以得出结论：演讲者最容易犯的错误，往往出在演讲前的准备上——没搞清楚听众是谁，不知道听众想要什么，没有设计符合听众接收逻辑的演讲结构，没有设计与听众相关的案例和内容，等等。

对比那些脍炙人口的高质量演讲案例，无论是史蒂芬·乔布斯在斯坦福大学毕业致辞的演讲，还是马丁·路德·金博士经典的《我有一个梦想》的主题演讲，抑或是阿里巴巴创始人马云所做的演讲，你都能发现，这些高水平的演讲者，都非常清楚听众是谁、听众关心什么问题，知道如何引发听众的共鸣、如何设计结构达成演讲的效果等，这和他们演讲前的精心准备密不可分。从众多优秀演讲者的实践看，演讲之前，你需要做三件事。

第一，设定演讲的结果和内容。也就是说，通过演讲，你想达成什么结果、解决什么问题、传递什么信息、想让听众做出什么决定和行动，等等。你的预期结果定义越清楚，演讲的重点就会越突出，这会让你接下来的演讲游刃有余。当然，你最好遵循"事不过三"的原则，即一场演讲要传递的重点和解决的问题不要超过三个。太多了，就会造成信息量超载，得不偿失。

第二，研究听众的特征和需求。在演讲前，你要了解听众是一群什么人，知识背景是什么，他们当下最关心的问题是什么，他们最想了解什么信息，最想解决什么问题，等等。一句话，如果你的演讲内容和听众无丝毫联系，他们干吗还要花时间和精力坐在那里听你啰唆个没完。听众只关心和自己有关的事，这就是所有演讲者要面临的残酷真相。因此，你更需要花时间和精力研究听众，进行换位思考，或者提前咨询相关的朋友，确认听众的真实需求，这才能做到有备无患。

第三，设计演讲的逻辑和结构。围绕听众的接收模式，设计演讲的内容逻辑，这是很多演讲高手的共同做法。比如，听众是迫不及待地接收知识模式，还是设定疑问求证答案的接收模式，或者是有过失望体验冷眼旁观的接收模式。演讲者需要提前了解和确认听众的各种接收模式，据此设计自己的演讲逻辑和结构，就能切中要点。

如果希望演讲效果更好一些，演讲者还要提前设计听众的内容嗨点、痛点、共鸣点和问题点。好的演讲一定是设计出来的。你的演讲是输出信息，还是引发行动，抑或是推进听众做出改变或选择，这些都需要基于场景和结果进行结构设计。

做好以上三件事，演讲者就可以着手设计开场了。好的开场，可以让你的演讲事半功倍，也会帮助你缓解演讲过程中的压力，让听众的参与感和获得感更强。设计开场模式，特别需要演讲者回归前文提到的听众特征和需求，回到演讲的内容和主题，通过个性鲜明、印象深刻的开场，让听众尽早融入演讲的氛围中。

著名相声演员冯巩，经常用"我想死你们了"作为他的节目开场；罗辑思维创始人罗振宇喜欢用一个故事或一段名人名言开场；参加国际大专辩论赛的辩手们，喜欢直接用己方的观点来开场；获邀参加 TED 演讲的大咖们，喜欢用一句话的结论来开场。由此可见，演讲者要格外重视开场环节的设计，要想办法吸引听众的注意，让听众跟着你的演讲节奏走，要把手机等外部干扰降低到最小，要能达到先声夺人的效果。接下来，我给大家介绍三种有效的开场策略，让你的演讲巧妙开场。

开场的三大策略

策略一：典型问题开场

-

即把听众日常遇到的典型问题罗列出来，引发大家的兴趣，开场就产生强烈的共鸣，这等于给了听众一个继续听讲的理由，也是很多优秀演讲者的惯用开场策略。

在演讲中，为什么用典型问题开场可以屡屡奏效？原因是问题（包括提问）比叙述更能快速抓住听众的注意力。千万不要以为听众会花 5 分钟耐心地听你的开场，确切地说，听众给你的时间连 1 分钟都不到。如果不能快速吸引听众，后续的演讲挑战将更大。

用典型问题开场，除了可以快速抓住听众吸引力外，还能给演讲设定边界和框架。也就是说，你的演讲是围绕这些具体问题展开的，演讲的内容与这些问题有关，你所提到的方案（方法）也都和这些问题有关。从演讲策略的角度看，一开场就提出相关问题，相当于给整场演讲设定了清晰的"锚"，演讲者与听众从演讲开始就可以同频共振，少了很多多余解释和绕圈子，也会让听众聚精会神，减少无效的干扰。

切记，如果你用典型问题开场，问题本身必须典型，且不能过多。一些演讲者喜欢用大量排比句的方式来开场，这种开场也会吸引人的注意力，但千万不要用大量铺陈的方式排比，即便你才华横溢，也千万记得适可而止。因为，你是去演讲的，不是去卖弄才华的。如果一个演讲者将展现才华置于演讲内容之上，极容易造成听众的反感。一旦激发了听众的对立情绪，你的演讲内容再精彩，也会无人问津。

如果大家注意看 TED 演讲（后文还有专门论述），你会注意到 TED 的演讲人很少讲废话，也极少显摆自己的才华，往往上来就告诉听众，今天的演讲针对什么问题，结论是什么，中间会涉及什么典型问题等。他们开场就会告诉听众，大家今天会有什么收获。这种直截了当的方式，除了能体现 TED 演讲者的真诚，还将演讲的无关因素全部剥离了。听众注意力高度集中了，他们才能充分了解和吸收演讲内容，这其实是演讲中的双赢。

策略二：精彩故事开场

-

用故事开场，这也是优秀演讲者的常用策略。当然，讲故事本身并不难，难的是故事必须精彩，必须引人入胜；故事不能老套，必须有新意。参照这两个要求，很多演讲者的故事开场效果就大打折扣了。

为什么故事开场会非常有效？原因是有趣的故事极容易产生共鸣。就像看电影，听别人的故事，留自己的泪，这背后就是故事带给人的共鸣。而演讲者用故事开场，能让听众进入一个特定主题的背景，而故事本身又包含了特定的价值观，这将是听众愿意参与演讲的另一条线索——价值观共振。一旦有了价值观共振，哪怕是观点差异，也不影响听众的认可度。

故事要精彩，但切不可瞎编乱造。至少，演讲者的故事应该有真实的原型，应该有基本的事实和数据，故事的逻辑和内容要经得起逻辑验证，要符合基本的常识。在讲故事这件事上，千万不要像某公众号那篇曾引发网络巨大争议的"状元"文章，如果引发了价值观反感，赢了10万+的流量又如何。所以，我强烈建议演讲者开场讲真实的故事，讲有事实基础的故事，讲有内涵价值观的好故事，这样的故事，才能让演讲者的开场一鸣惊人。

开场如何讲故事？

首先，故事不能冗长。一场45分钟的演讲，你的开场故事就15分钟，那就根本不算开场故事，而是内容本身了。如果演讲者能在3～5分钟内完成你的开场故事，既能吸引注意力，又能切换到真正的演讲主题，给了听众开场缓冲的时间。

其次，讲故事可以按照时间叙事、关联叙事、冲突叙事三个模式进行讲解。所谓时间叙事，就是按照时间点进行描述，这符合大多数人的思维认知；所谓关联叙事，就是将故事中与现场主题相关的部分重点展开，其他部分一带而过，做到重点突出；所谓冲突叙事，就是告诉听众发生了怎样的冲突，冲突必须针锋相对，必须有冲击力，必须有代表性。

学会讲故事，演讲少烦恼，听众人气高。不信，你可以试试。

策略三：场景代入开场

-

有些演讲者，开场就会给听众展现一个典型场景。通过语言或文字描述，演讲者将听众带入了一个典型的主题场景。有了场景，问题就产生了，很多前提假设就不需要再解释了。就像宜家家居，在卖场中设计真实的家庭居住场景，购物者置于真实的消费场景中，参与感会大大提升。

演讲开场的场景设计也是基于这个逻辑。场景的最大价值是代入感，而代入感的好处是：让听众觉得今天的演讲完全和我有关，完全是解决我的担忧和问题，我必须全身心地投入进来。于是，听众从旁观者转变为当事人，从评价者变成参与者，这是场景代入策略的最大价值。

如何代入场景？完整的做法是给出正反两种对比场景。如果只有反面场景（遇到了问题），听众会产生代入感，但这依然是在重复问题本身；如果只有正面场景（解决了问题），听众会产生希望，但这种希望又往往伴有怀疑。因此，最好的方式是通过正反两种对比场景，既印证听众的问题，将听众代入演讲，又可以给听众展现解决问题的希望。一正一反，会让听众的参与感更强。

除了以上三种开场策略，还有的演讲者用幽默的方式开场（讲笑话、段子），用互动的问候开场（问好），用名人名言开场，用路线图开场（今天要讲什么，讲多久，分成几个部分），等等，方式不一而足。其实，演讲开场策略无定数，关键点仍旧是吸引听众的注意力、提高听众的参与度、提升演讲的整体效果。

期待你的演讲开场，助力你的演讲事半功倍。

本章小结

....

① **糟糕演讲的四大特点**

- 特点一：信息量超载
- 特点二：强制性接收
- 特点三：内容不相关
- 特点四：观点不明确

② **要做到高效演讲，演讲之前要做三件事**

- 第一件事：设定演讲的结果和内容
- 第二件事：研究听众的特征和需求
- 第三件事：设计演讲的逻辑和结构

③ **高效演讲者经常检讨的三个自问**

- 自问一：我是否了解我的听众及需求
- 自问二：我是否针对听众需求做内容设计
- 自问三：我是否针对听众特点做形式设计

有话好好说

职场说话方法论——高效演讲的三大开场策略

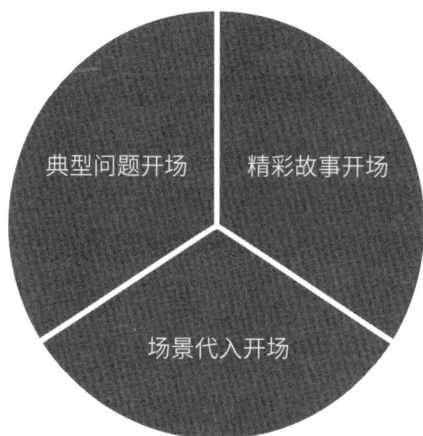

典型问题开场

精彩故事开场

场景代入开场

职场说话工具包——故事开场策略的四大步骤

1	选定与主题密切相关的故事
2	通过交代故事背景进行关联
3	通过观点共鸣引起价值观共振
4	从故事内容重新回归演讲主题

第 14 章

引人入胜

——人气演讲的四大方法

问题导读

1. 演讲中，引用事实和数据对听众会有什么影响？

2. 演讲中，为何要避免不说"人话"的表达方式？

3. 演讲中，一旦忘词或大脑短路，该怎么办？

4. 演讲中，如何学会应用提问、重复等技巧？

5. 如何设计一场人气爆棚的演讲？

好的开场，会使演讲开局良好，但只有好的开场，后续的演讲却让人哈欠连天，这同样也是糟糕的演讲。不少演讲者，开场很精彩、过程很拖沓、结尾很随意，给听众一种虎头蛇尾、头重脚轻的感觉。这样的演讲，也存在致命硬伤。

好的演讲，除了开场精彩，还需要在演讲内容、演讲风格、演讲呈现等方面进行有效的布局和设计，在演讲的结构、框架和逻辑上进行精心的打磨。另外，优秀的演讲者，还会在演讲节奏、内容亮点、案例对比、故事演绎等方面，按照听众的认知结构进行布局，使演讲一气呵成、卓有成效。

那么，在演讲过程中，该如何把握节奏、布局内容、推动成果达成？我给大家分享四种方法。

用事实和数据支撑结论

演讲者如何有效地提出问题、得出结论？最好的方式就是使用事实和数据，而且是来自第三方的事实和数据。

比如，当你提到工业生产的相关问题和结论时，可能会引用国家统计局、行业协会、上市公司年报等对外发布的权威数据；当你提到员工离职率的时候，可能会引用第三方权威调查数据、某些企业发布的对外数据、典型企业的深度访谈报道内容等；当你提到你的产品具备独特竞争力的时候，可能会引用国家专利数据、第三方测评数据、第三方机构的评价数据、第三方机构的市场占有率调研数据、典型客户的评价数据等。事实清晰、数据权威，听众自然就容易相信你提出的问题和结论。

经验告诉我们，与其等着客户质问，还不如及时告诉客户支撑你演讲观点的事实和数据。被动接受提问和主动告诉听众的最大区别在于：你的演讲逻辑和层次不容易被干扰，能让整个叙事结构完整有序。听众的很多问题往往会在演讲后半程的内容中自动得到解答。既然如此，演讲者为何不能主动给出听众期待的事实和数据，让演讲的推进效率更高呢。

那么，是不是所有的观点都需要给出事实和数据？不是。第一，演讲者的时间有限，你无法将每一个观点和论据展开；第二，事实和数据过多，听众记不住。因此，更确切地说，演讲者需要给听众关键的事实和数据，而不是所有的事实和数据。

什么是关键的事实和数据？

直接相关、一针见血、对应观点、权威信服，包含这四个特征的，就是关键的事实和数据。所以，尽量不要用过多的事实和数据证明一个观点，更不要在一个维度上采用过多相类似的事实和数据，少干锦上添花的事，演讲的布局需要层次分明、条理清楚，这才会有逻辑说服力。

同时，如果你所引用的数据不仅权威，还能引发听众兴趣，特别是和大家日常认知很不一样，那么，恭喜你，这属于"性感"的事实和数据。因为这样的数据更能调动听众的好奇心，更能引发听众的兴趣，更能带给听众思考和冲击力。当然，千万不要为了所谓的"性感"，为了博听众的眼球和注意力，故意找一些莫名其妙的数据，或者一些以偏概全的事实，那是得不偿失的。如果你给出的事实和数据与你的演讲主题不相关，前后没有逻辑关系，还漏洞百出，会让你给人"哗众取宠"的印象。

还有一个问题需要演讲者特别留意：这么多事实和数据，万一记不住，大脑短路怎么办？其实，这和电脑死机需要重启是一个意思。但重启需要时间，而演讲者不能告诉听众：等我一分钟，就一分钟，我的大脑正在重启。听众才不会因为你的短路就给你足够的重启时间。那该怎么办？

首先，改变身体姿势，通过身体的摆动和脚步的移动，让大脑重启。或者，你也可以通过喝水、调整麦克风、前后走动的方式，来为大脑重启争取时间。

其次，调整呼吸，让自己慢下来，通过与听众的目光交流调整状态。你要发自内心地告诉自己：这没什么大不了的，听众也有开小差的时候。

再次，如果你手上有提示卡，或者有演讲稿、PPT 报告之类的辅助工具，可以借助这些工具帮你恢复记忆。如果实在想不起来，就回到演讲的逻辑主线，线索清晰了，大脑就启动了。

最后，如果实在不行，就暂时换个话题（这就需要在演讲前多准备些临时救场包）来串场，减少现场听众的等待尴尬。总之，保持呼吸顺畅、沉住气、借用工具和身体，就能帮你走出大脑短路的痛苦。

说"人话"

培训课堂上，我最常提醒学员的话就是：请说"人话"。

演讲中，什么是"人话"？听众听得懂的话，叫"人话"；听众关心的话，叫"人话"；听众不需要冥思苦想就能理解的话，叫"人话"。相反，演讲者如果喜欢官话套话，喜欢专业术语，喜欢时尚概念，搞得听众一头雾水，听众会用逃离的方式对付你的演讲。更别说那些装腔作势、狐假虎威、打官腔的演讲者。他们或许忘记了，演讲的关键在于听众的理解，而不是大家的虚假称赞。

说"人话"，也不容易。几年前，互联网上曾有一段"五道杠"少年的就职演讲视频，网友们直呼：小学生就会打官腔，长大了还怎么办。其实，这也是环境和教育的产物——如果大家都以当官为荣，打官腔就成了表达的必修课，再让他讲"人话"，恐怕早就不会说了。还有一类演讲者，不懂得区分书面语与口语的差别，不管什么场合，只会念稿子，一旦脱稿，基本不会正常表达，这也是一种典型的不会说"人话"。另外，那些缺乏同理心，不懂得换位思考，讲问题都喜欢居高临下，或者动不动拿大道理压人的演讲者，也会陷入不会说人话的尴尬境地，这也是他们迫切需要改进的地方。

如何做到说"人话"？有三个基本原则。

第一，不说空话、大话、假话，少说抽象的话，多说具体的话。说得越具体，场景感越强，听众的理解越清楚。

第二，少说专业术语，多说通俗易懂的话。实在说不明白，可以采用借喻的方式，多用听众熟悉的日常案例来解释。如果没有合适的例子，演讲者也可以通过将专业术语分层的方式一层层来解释，避免听众的不解和误读。

第三，少说模棱两可的话。有些演讲者害怕被听众挑出来逻辑漏洞，喜欢用"这也可以，那也可以"的表达方式。岂不知，这样的表达方式最容易给听众造成模棱两可的感受。如果确实属于复杂问题，演讲者可以通过多个场景呈现，给出具体情况的区分，减少模糊的成分，便于听众理解。

那如何提升说"人话"的水平呢？有三个操作方案供大家参考。

第一，越了解听众的情况，越知晓他们的知识储备、工作背景、年龄结构、职业情况，就越能懂得该说什么才能让演讲效果更好。

第二，你需要提前把演讲中的专业语言、技术语言转化为通俗易懂的演讲语言。如果实在是晦涩难懂，那就多用故事、案例、借喻的方式，一切以听众能理解、能明白为准。

第三，如果有可能，在面对同一批听众时，你可以想办法调查他们参加上一次演讲的具体情况，比如听众的反馈如何，对哪些内容记忆犹深，对哪些内容压根不感兴趣等。你的演讲内容如何对照以上情况做优化。

说"人话"，真的不吃亏。

提问和重复

平铺直叙的演讲，没有激情；枯燥无味的演讲，没有灵魂。优秀的演讲，要能和听众互动，与听众产生共鸣。那种自说自话的演讲方式，最容易让人生厌。

别忘了，每个人最关心的还是自己。这条法则在演讲中同样适用。我们之前提到过，电影院的眼泪不是为故事中的主人公而流，而是为自己的过往感伤。如何激发听众的兴趣点，如何激发听众的好奇心，如何帮助听众重建认知，是演讲者需要面对的直接挑战。

有意思的开场，可以刺激听众的好奇心；讲故事的方式，可以激发听众的兴趣点。但这还远远不够。如何让听众保持好奇心和兴趣点，就需要了解听众的信息接收方式，让听众的神经中枢和大脑皮层被你的演讲内容所吸引，成为演讲现场的参与者。

最好的方式就是提问和重复。演讲中，提问的真正价值不在于获得答案，而在于通过提问让听众进入主动思考的状态，而不是被动地听讲；重复的最大价值在于帮助听众加深印象，建立认知回路，更好地理解演讲内容。

第一个问题：演讲者如何进行提问。有四个常用技巧供大家参考。

幽默式提问。这种提问方式和内容无关，属于演讲技巧的一部分。更准确地说，属于"演"的一部分。现场通过幽默的问题进行互动，在枯燥的氛围中让听众开怀一笑，还能提升听众的参与度。因此，有经验的演讲者都会提前准备几个段子、笑话或者幽默的故事，根据演讲现场的氛围进行取舍，为演讲助阵。

场景式提问。给听众设定一个场景，然后在场景中进行提问，这能很快引发听众的思考，有很强的代入感。比如，很多演讲者通常会这么说：想象一下，你此刻正置身于一个窗明几净的客厅，窗外阳光明媚，屋内整洁如新，此刻的你，首先会想到哪一个关键词？这就是场景式提问，通过提问，快速建立演讲者和听众的连接通道。

冲突式提问。很多减肥产品的广告文案常常是这样的文风：想保持好身材，又想面对美食大快朵颐，如何做到两全其美？你看，这样的提问方式，其实是给你内置了一个矛盾开关：是啊，这就是我想要的啊，到底该怎么做呢？当你开始这样想的时候，广告的用意就实现了。本质上，这是在让听众和自己较劲，只要打开听众的矛盾开关，你就能最大限度保持听众的注意力。

挑衅式提问。这也是演讲者常用的提问方式，但必须慎用。所谓挑衅式提问，是向听众抛出一个颠覆认知、异于常识、接收难度较大的一个问题，通常这类问题会刺激听众的敏感神经，有时还会让人有不适的感觉。比如，马云说"做个有钱人很痛苦"，王健林说"先定个小目标"，刘强东说"我脸盲"等，在普通人看来异于常识，刚开始很难接收，但正因为如此，这些内容才让大家印象深刻，并作为话题流行起来。

当然，如果挑衅式提问被滥用，后果也很严重。比如，很多微信公众号的标题党文章，基本都是滥用挑衅式提问的套路。他们的标题常常是反常识的，往往是语不惊人死不休，尽管存在很多争议，三观也大跌眼镜，但他们要的 10 万 + 阅读量还是实现了。因此，还是要慎用挑衅式提问，如果水平不够，挑衅的问题设计有漏洞，会引发现场更大的争议，很可能适得其反，演讲者要慎之又慎。

第二个问题：演讲者如何进行重复。这同样也有三个策略。

结构式重复。在演讲的内容设计上，按照开头、中场、结尾的逻辑主线，布局你的论点。可以一字不差地重复，也可以变换形式进行重复；可以用总—分—总的结构，也可以采用"提出论点—证明论点—确认论点"的结构进行重复。总之，结构化的重复技巧，需要演讲者提前进行谋篇布局，做恰如其分的设计。

互动式重复。这是明星大咖最喜欢用的重复方式。冯巩的春晚问好，已经成了他的金字招牌；费玉清的斜向上 45° 角，也成为他的经典姿势；郭德纲相声中的"抽烟、喝酒、烫头"，也成为观众互动的高潮点。演讲中，互动式重复可以激发听众参与度，可以让演讲变得生动有趣。

案例式重复。更隐蔽的重复方式不是重复观点本身，而是通过不同维度的案例，让听众自己得出结论。如果留意罗振宇的深圳卫视《时间的朋友》年度秀节目，你会发现，罗胖子会用不同维度的案例，分不同角度来印证观点。央视首档青年公开课《开讲啦》，会邀请各行各业的大咖分享成功经验，每一期的演讲嘉宾都会用不同的案例和故事来重复自己的观点。好的演讲，需要有血有肉，观点 + 案例 + 重复让演讲丰满起来，更容易打动听众。

结尾留彩蛋

很多好莱坞电影都会给观众预留一个结尾彩蛋。结尾处的彩蛋要么让人会心一笑，要么给观众介绍拍摄花絮，还有的彩蛋会给下一部电影（通常是某个主题的系列片）预留悬念。总之，彩蛋成为观影后让观众回味无穷的一个念想，也让人印象深刻。

演讲的逻辑同样如此。有了好的开头，有了精彩的过程，有了巧妙的起承转合，当然要让演讲的结尾圆满收场。因此，设计好演讲的结尾，就成为演讲高手格外重视的一件事。

该如何设计结尾？

千万不要狗尾续貂，不要在即将结束演讲时继续给听众灌输大段信息，也不要假设听众依然意犹未尽。一场精神大餐，也不能轻易过量，暴饮暴食是不对的。因此，在听众拿好背包准备离开会场的时刻，你需要给他们一个轻松、诙谐、令人难忘的结尾。除了常用的总结性结尾（对演讲内容简要总结），还有几种简单的策略供大家参考。

故事型结尾。用故事升华观点，不必非要有清晰的结论，但可以帮助听众更好地理解演讲内容，让听众在故事中回归参加演讲的初衷。

启迪型结尾。通过几个深度问题，你可以引导听众继续思考。不再给答案，不再给标准，让听众进入自我思考状态，可以帮助听众更深层次地理解演讲内容。

开放型结尾。比如，在当前的演讲主题上，业内还有哪些研究成果，特别是哪些研究成果和今天的观点有差异，它们的差异点在哪里，简要呈现给听众，留给听众一个开放的结尾。

四大方法，循序渐进，遥相呼应，祝你的演讲旗开得胜。

本章小结

....

1 **人气演讲中，说"人话"的三项基本原则**

- 原则一：不说空话、大话、假话，少说抽象的话，多说具体的话

- 原则二：少说专业术语，多说通俗易懂的话

- 原则三：少说模棱两可的话

2 **在演讲进程中，高效演讲者如何运用提问技巧**

- 策略一：幽默式提问

- 策略二：场景式提问

- 策略三：冲突式提问

- 策略四：挑衅式提问

3 **在演讲进程中，高效演讲者如何运用重复技巧**

- 策略一：结构式重复

- 策略二：互动式重复

- 策略三：案例式重复

职场说话方法论——人气演讲的四大方法

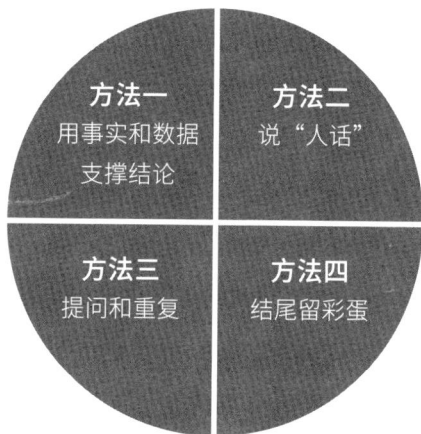

方法一 用事实和数据 支撑结论	**方法二** 说"人话"
方法三 提问和重复	**方法四** 结尾留彩蛋

职场说话工具包——演讲中，应对大脑短路的四大步骤

1	改变身体姿势，通过身体的摆动和脚步的移动，让大脑重启
2	调整呼吸，让自己慢下来，通过与听众的目光交流调整状态
3	借助提示卡、演讲稿、PPT 报告之类的辅助工具来恢复记忆
4	暂时转换话题来串场，减少现场听众的等待尴尬

第 15 章

自嗨没朋友

——高效演讲需要规避的四大陷阱

问题导读

1. 为什么高效演讲者不能陷入自恋状态？

2. 高效演讲者如何做到"内容为王"？

3. 高效演讲者如何做到"价值共振"？

4. 高效演讲者如何让听众成为演讲的主角？

5. 演讲者如何避免过度包装？

当聚光灯亮起，当全场的注意力都集中到讲台，当掌声不断响起的时候，正在演讲的你有何感受？

被认可。这既是一种动力，更是一种喜悦。除了少部分行业大咖，对大多数演讲者而言，如果没有大家的理解和认同，在台上的每一分钟都将是紧张和不安的。因此，掌声很重要，大家的认可很重要。但如果因此自嗨过度、得意忘形，那恐怕就会给自己带来麻烦。事实上，过于自嗨，演讲会走样，现场会失控，那真的不是你想要的结果。

演讲的三个基本问题

要避免过度自嗨，我们需要搞清楚演讲的三个基本问题。

问题一：掌声是给谁的？

-

演讲者、演讲内容、演讲现场的共鸣，哪一个才是掌声的"引爆点"？

掌声当然是给演讲者的，这毫无疑问。即便是同样的演讲主题和内容，不同的演讲者会赋予不同的内涵和价值。因此，永远都不要忽视

"明星演讲者"所带来的人格引爆点。有马云的地方，必座无虚席。当然，这也是基于演讲者过去的口碑积累，更是基于这类演讲者过去多年的演讲实战经验——功力在，效果不会差。

但大多数演讲者可没有马云的待遇。如果一位演讲者的门票永远都是一票难求，那显然不是我们常人所能学习和复制的。因此，如果没有"明星演讲者"的号召力作为前提，掌声的引爆点就不能寄托于演讲者身上。所以，大多数演讲者还是格外重视内容和演讲现场的听众共鸣。

首先，演讲者要懂得"内容为王"：好内容才是演讲效果的基石。如何设计演讲内容，如何梳理演讲逻辑，如何让内容呈现更有冲击力和针对性，就成为演讲者的重点所在。一场产品发布会，演讲者需要告诉听众产品好在哪里；一场公司制度发布会，演讲者需要告诉听众制度设计的初衷与好处；一场就职演说，演讲者需要告诉听众你将要给大家带来什么；等等。总之，没有内容价值，演讲就显得势单力薄。企图用PPT的炫目来掩盖内容的乏善可陈，这很容易被听众识破。

其次，演讲者要明白"共鸣为本"：有共鸣才是演讲效果的保障。共鸣从哪里来？来自演讲前的需求调研和内容针对性。如果不懂得听众的需求，再多的精彩内容都很难唤起听众的投入；如果不关心听众的反应，再完美的逻辑设计都是一场自以为是的表演。国内知名媒体视频节目《奇葩说》之所以引发热议，就是因为每一期的辩论主题都能引发听众共鸣，这种情感投射会让听众的参与感更强，代入感更好。

问题二：主角到底是谁？

-

演讲的主角到底是谁？

这似乎是一个不言自明的问题：当然是演讲者了，要不他怎么能吸引全场的聚光灯？仔细想想，这恐怕遗漏了一个关键前提：人们之所以聚到一起听你的演讲，不是因为你的光彩夺目，而是基于他们内心的需求。就像产品与客户，到底谁是主角？演讲者越能理解这个问题，就越能避免自以为是的错觉。

没错，真正的主角是听众。你的出现，就是为了回应听众的诉求、解决听众的关切、引发听众的思考、提升听众的认知，就是为了给出有价值的解决方案。从这个角度理解掌声，我们就会明白所谓掌声，其实就是听众为演讲者"买单"。反过来，中途离场，就是听众不想为你的演讲买单。

有人说，我是先确定演讲的主题和内容，再邀约听众参加，应该是先有演讲主题，再有听众参与吧。其实，这类演讲者忽略了一个问题：你的演讲主题怎么来的？是突发奇想，还是深思熟虑设计出来的？大多数情况下，你在设计演讲主题的时候，就已经假设了听众的角色、听众所关心的问题、听众的兴趣和诉求等，不然，又如何解释报名参加的听众为何而来？

另外，很多参加过多次大型公众演讲的听众告诉我，开场前，演讲者往往会在很多工作人员的簇拥下，如明星般登场，听众们从一开始就被吸引了，哪怕某些内容不感兴趣，但架不住全场的掌声，自己也跟随鼓掌。这样说来，演讲的主角应该是演讲者才对。其实，这多半可能是演讲的运营方专门设计的演讲流程。无论是开场的仪式、舞台的距离感、灯光的效果，还是中间鼓掌的频次（小心有托），都是演讲仪式、道具、流程的综合运用。有些演讲故意制造出演讲者与听众的距离感，塑造一种自上而下的冲击力，让听众放弃质疑的动机。这种套路偶尔用一下会有效，但总用仪式和道具包装，时间久了，演讲者的真实水平就露馅了。

所以，优秀的演讲者要相信听众的判断力。凡企图愚弄听众的演讲把戏，早晚都会被识破。

问题三：如何才能更有效？

-

演讲有效有两个重要影响因素：一个是出发点；一个是逻辑线。

从出发点的角度看，演讲者要扪心自问：我的演讲是索取，还是付出？是想从听众那里获得什么，还是要给予听众什么？不同的出发点，会有不同的演讲呈现效果。那该如何平衡是付出还是索取的纠结？

用稻盛和夫的话讲：先利他，再利己。显然，任何演讲都会有利己的动机。无论动机是显性的，还是隐性的，是物质的，还是精神的，并不重要。重要的是，演讲者要清楚，一场精彩的演讲需要演讲者与听众的共同参与，如果演讲者没有动力讲下去，如果听众没有兴趣听下去，那就是一场糟糕透顶的演讲。所以，那种为了讨好听众而故意忽视客观事实和数据，放弃原则和立场的演讲者，是动机不纯；那种为了捍卫已有认知和立场，绝不接受任何改变和不同意见的听众，是顽固不化。这两者的存在，都会让一场演讲走向双输。

因此，对演讲者而言，你要深入思考：什么才是对听众最有价值的内容，什么才是听众最应该（并不一定是最喜欢）接收的信息；在一场时长为一小时的演讲中，你需要给听众什么启发和思考。这都是站在听众角度设计演讲内容的出发点。如果有这种利他之心，再加上专业的内容设计，那么听众的满意度就会更高，演讲者想要实现的结果也更容易达成。

再说逻辑线。到底选择归纳，还是演绎？是先说观点，再说案例（事实、数据、故事等）？还是先说案例，再说观点？其实，这些都不是演讲逻辑的重点，也不会对演讲效果有本质影响。所谓演讲逻辑线，是要站在听众角度，用适合他们，并能让他们接受的方式呈现出来。否则，即便演讲者的内容再精彩，听众还是一头雾水，那基本就等于宣布演讲失败了。

演讲逻辑线的重点有三个：

第一，用事实说清真相。你的演讲内容不能是臆测的，更不能是胡诌的。不要用所谓的义正辞严来替代真正的事实。在没有事实之前，如何与听众建立基本的信任？如果没有基本的信任，这场演讲的意义又何在？不要高估听众的耐心。

第二，用案例讲透观点。观点需要案例来支撑，案例是否有代表性，案例的时效如何，案例的客观性如何，这些都需要演讲者在准备内容时多做考虑。极端的案例会带来极端的争议。不要为了证明自己的观点，就只采纳有利的案例，这往往会适得其反。

第三，用留白引发思考。很多演讲者总是不留死角地给听众所有的内容，恨不能一场演讲就告诉听众他伟大的一生。这样做，不仅时间不允许，还会造成听众的信息拥堵。想想看，如果你在短时间内给听众的耳朵塞进去过多的信息，他们如何才能消化，难道要等到演讲结束后再消化？因此，要学会给听众留白，用开放的心态面对听众，才能引发听众更深层次的思考。这也是演讲的价值所在。

演讲需要规避的四大陷阱

搞清楚这三个事实，我们就可以整装待发，向着高效演讲前进。聚焦重点、听众提前、自我退后，这些是高效演讲者的必备素质。同时，如何让听众更好地融入演讲进程，成为演讲效果的组成部分，还需要演讲者在演讲风格上规避陷阱，建构框架，提升演讲参与度。具体而言，演讲者要特别留意以下四类演讲陷阱。

陷阱一：反复证明自己的正确

-

有的演讲者用无数的案例和故事反复推销他的某个观点，让听众必须接受，甚至对某些常识性的反面事实视而不见，也从不给听众任何思考和怀疑的空间。还有的演讲者更过分，他不再停留在观点层面的讨论，而是上升到自己的正确性，自己一定是对的，强迫大家接受，这样的演讲效果可想而知。

在调研中，我们找到了演讲者陷入此类陷阱的几个原因。

首先，有的演讲者过度自信，认为自己的观点无懈可击，并在潜意识中把自己和真理画上了等号，成了所谓的真理代言人。毫无疑问，这样的设定和做法，只会让听众更加反感。

其次，有的演讲者内心不自信，缺乏安全感，任何来自听众的质疑和异议，都会让他局促不安，因此，他必须全力以赴，让听众接受自己的观点。

还有的演讲者抱有索取心理，他的演讲重点并非给予听众什么价值，而是期待听众给他某种回馈。这种索取心态会让演讲者反复证明自己的正确。

多年前，国内曾一度流行成功学。很多有关成功学的演讲者往往特别注重场面、仪式和包装，惯常的做法是：造神般的阵势、真理式的观点、不容置疑的内容、千篇一律的推销。事实上，这种套路屡试不爽，各路成功学大师前仆后继，用一场 2～3 天的激情演讲，换来数百万元甚至上千万元的真金白银，如果再披着国学、禅修、进化、生态等幌子，更能如鱼得水。这更加说明，听众需要小心此类陷阱，那本畅销百年的《乌合之众》，应该成为听众参加演讲防止被骗的必读书。

陷阱二：漫无边际地讲话

-

随兴而起，随意而讲，说到哪儿算哪儿，前言不搭后语，刚说完"三国"，就引出后现代，笑话不少，包袱很多，但最大的问题就是没有逻辑可言，也不了解听众关心什么，简直就是浪费听众的时间，无异于图财害命。

一般而言，演讲者陷入漫无边际的讲话状态，大致会有三种原因。

第一，演讲者的准备不足。可能是因为时间比较仓促，也可能是因为对内容的驾驭感不强，或者自身缺乏信心——演讲的时候，四处出击，也不知道该说什么，让听众云里雾里。

第二，这是临时接到的演讲任务，演讲者本人被动接受任务，重视度不够。这种情况下，很多演讲者经常照猫画虎，或者拿一个成熟的演讲内容应付了事。要知道，是不是有诚意，听众是能感受到的。

第三，演讲者之前没有梳理出主题和主线，或者期望给予听众更多内容，因此讲的时候瞻前顾后，过度追求完美，但又无法根据逻辑主线进行最佳时间匹配，导致产生了漫无边际的演讲状态。

如果是这种情况，演讲者要认真反省：你是否真的重视这次演讲，你是否真的为本次演讲做好了准备。从演讲角度而言，时间越短，对演讲者的准备度要求越高。很多年前，一位听众向时任美国总统伍德罗·威尔逊总统提问：总统先生，您一般要为演讲准备多长时间？威尔逊总统道：这取决于演讲的长度。如果是一个十分钟的演讲，我需要准备两周的时间；如果是半小时的演讲，我需要准备一周的时间；如果我能讲多久就讲多久，那我不需要做任何准备，马上就可以开始。由此看来，越是时间短的演讲，越需要演讲者进行充分的准备。所谓少即多，事实就是如此。

陷阱三：角色时差

-

听说过地域时差，怎么还会有角色时差？没错。在这里我们用了时差的概念，指的是有些人走上演讲台时，明明角色已经切换为演讲者，可自己还是停留在登台前的角色里，傻傻分不清，容易说出不合时宜的话。

角色时差问题，不属于演讲的关键要害，却会造成演讲内容时延和错位问题。比如，刚刚开完董事会的老板，带着一肚子怨气转场到另一场演讲，如果是外部公开演讲还好一些，如果是公司内部演讲，很多老板会情不自禁地将刚才的情绪带到接下来的演讲中。想想看，台下满心期待的员工，遇到这位满腹怨气的老板，会是一个怎样的会风？

还有一种情况，演讲者登台后沉浸在自说自话中。演讲者说着和演讲主题毫不相关的内容，听众则云里雾里，越听越觉得不对劲，等演讲者反应过来，发现听众们早就已经不耐烦了。那些演讲高手还能快速反应，赶快调整自己的演讲状态和侧重点；有些演讲新手却浑然不觉，丝毫察觉不到现场的情绪变化，只能面对听众的心不在焉，或者越来越多的中途离场。

因此，走出角色时差是对演讲者的重要告诫。时刻提醒自己的演讲角色，时刻回归自己的演讲主题，如果察觉到跑题，抓紧拉回来。那些陈芝麻烂谷子的事，无论演讲者自己觉得多么精彩，还是少说为好，不要把自己的兴奋点强加给别人，才能真正走出时差误区。

陷阱四：过度的形式包装

-

在很多演讲者看来，现场必须更酷、更炫，才能体现自己的高大上。因此，有些演讲者会在 PPT 准备、灯光强弱、文字与图片的搭配、视频选择等方面用心良苦。从演讲的角度而言，对于这样的认真准备，我们当然要给予肯定和认可，在一个越来越在意"颜值"的演讲评价语境中，任何对细节的重视和把控，都会给你带来更高的听众满意度。

但我要提醒你的是：过犹不及。有些演讲者在形式上的用心远远超越了内容本身。如果你的炫目灯光超过了演讲主题，如果你的精彩图片无法表达你的演讲内容，如果你在 PPT 中采用了大量的流行元素，却忽视了演讲内容的内在逻辑和关联，这岂不是有点本末倒置？

千万不要忘记，任何演讲的核心都是内容。以色列历史学家尤瓦尔·赫拉利在他那本畅销书《人类简史：从动物到上帝》中，特别提到了人类的想象力，更确切地说，是讲故事的能力。几万年前，在一个没有 PPT、没有麦克风、没有灯光特效的山洞里，我们的老祖宗在篝火堆旁讲着白天打猎寻果的故事，听众的眼神都被吸引，大家听得有滋有味，这或许就是内容为王的最佳表达吧。

因此，我们要特别提醒演讲者：不要在形式上过于铺张，也不要让形式盖过内容。听众需要与众不同的体验，但更在乎意义非凡的内容。少一些形式主义，多一些经典内容，这也是对听众的最大尊重。

明确了角色，知晓了关键，规避了陷阱，演讲者就可以减少自嗨的问题，让内容成为链接演讲者与听众的价值纽带，继而达成高效演讲的预期目标。

本章小结

① **演讲者要避免过度自嗨，要搞清三个基本问题**

- 问题一：掌声是给谁的
- 问题二：主角到底是谁
- 问题三：如何才能更有效

② **演讲者需要规避的四大陷阱**

- 陷阱一：反复证明自己的正确
- 陷阱二：漫无边际地讲话
- 陷阱三：角色时差
- 陷阱四：过度的形式包装

③ **演讲者陷入漫无边际的讲话状态的三大原因**

- 原因一：演讲者的准备不足
- 原因二：演讲者的重视不够
- 原因三：演讲者的逻辑不清

职场说话方法论——高效演讲的三大逻辑线

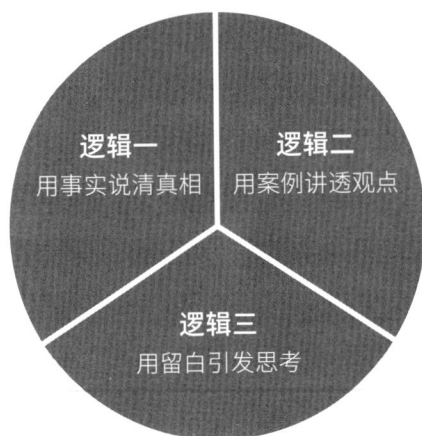

逻辑一
用事实说清真相

逻辑二
用案例讲透观点

逻辑三
用留白引发思考

职场说话工具包——人气演讲的"引爆点"策略

主题鲜明
引发共鸣

内容充实
引发共振

观点冲击力
强烈对比

方案有价值
逻辑一致

有话好好说

第 16 章

好风凭借力

——TED 演讲者的五大说服方法

问题导读

1. 为什么 TED 演讲享誉全球?

2. TED 演讲者的开场策略是什么?

3. TED 演讲者如何进行内容设计?

4. TED 演讲者如何进行逻辑表达?

5. 我们该如何向 TED 演讲者学习?

提到演讲，不得不说业内大名鼎鼎的 TED。

所谓 TED，指的是科技 (Technology)、娱乐 (Entertainment)、设计 (Design) 三个英文单词的缩写，最早诞生于 1984 年。TED 演讲者，需要通过一场 18 分钟的演讲，启迪人的思想和精神。迄今为止，已有数以千计的优秀演讲内容供大家下载学习，成为全球演讲爱好者的方向标。

TED 演讲者的三个开场策略

纵观 TED 演讲案例，在如何吸引听众方面有三个策略被演讲者屡试不爽，非常值得大家学习和参考。

策略一：用针对性的故事描述观点

-

首先，一定要讲故事，而故事的核心其实是情感共鸣。我们常说，听别人的故事，想自己的人生。在电影院泪流满面，你的眼泪不是为了电影中的男女主角而流，而是为自己内心的情感共鸣而流。因此，演讲之前，研究一下听众的共鸣点，再选择相应的故事，才能有效地吸引听众。

其次，故事的厉害之处在于告诉你时间、地点、人物、事件，一下子就给了你活生生的场景，让人有一种身临其境的感觉。因此，听众就不会感觉到枯燥，极容易被带入演讲之中。

再次，故事可以让演讲跌宕起伏，故事的核心是冲突，而围绕冲突之间的起承转合，可以让整个演讲充满悬念，让听众进入自我思考状态，这会大大提升演讲的效果。

策略二：用震撼人心的事实描述观点

-

出其不意，才是吸引之道。何谓出其不意？不是刻意夸大，也不是哗众取宠，而是发现被听众惯常忽视的事实，以总结、归纳、提取观点等方式表达出来，继而吸引听众真正的关注：原来，事情居然是这样的。

当然，震撼人心的事实，首先必须是实事求是、有理有据的事实。不能为了所谓的震撼性效果，就选择性遗忘，或者故意抽离出某种证明己方观点的事实，没有向听众展示全貌。

其次，演讲者的展现方式非常重要。如果你以语言为主，显然，你要关注演讲的先后顺序，到底是先结论、再事实，还是先事实、再结论。这个没有定论，取决于现场听众的习惯。如果你以 PPT 的方式辅助演讲，那么图形的呈现方式、色彩的搭配方式、图表的展现结构，就显得非常重要。

策略三：以有影响力的问题描述观点

-

听众的耐心是有限的，TED 给大家的结论是 18 秒，即短短 18 秒内，如果你不能吸引听众的注意力，就意味着你后续的压力和挑战将会更大，你必须花费更多的时间和精力让听众的注意力就位。因此，如果你的问题足够典型，容易引起共鸣，触动听众内心的"情感板机"，显然，你演讲的开场效果就会更好。

所以，TED高手的做法是在陈述观点前，先抛出一个特别有针对性的问题，而不是给出一个完美的答案。这样做，不仅可以快速聚焦听众的注意力，还能给整个演讲定调——今天的演讲主要解决什么问题，并能让听众进入到思考状态，大脑迅速调整频道，留出更多的闲置资源给此时此刻的演讲。还有什么是比让听众参与进来更好的开场方式呢？

以上三个策略，可以有效帮助演讲者顺利开场，并牢牢抓住听众的注意力，让你的演讲旗开得胜。有了好的开场，接下来就需要演讲者进行针对性的内容表达。这时，演讲的真正挑战才刚刚开始。说到底，演讲是一场有关说服的艺术，成功的演讲者最终带给听众的，要么是一个重要的观点，要么是一个深刻的启迪，要么是帮助听众重建某种认知。无论哪一种说服，都离不开有效、精准和到位的表达。到底该如何表达，才能达成说服的目的？

TED 演讲者的三种说服路径

TED演讲者的说服技巧与古希腊先哲亚里士多德的说法一脉相承。无论是什么样的演讲场合，抑或是面对什么样的听众，在演讲的说服方面，有三种路径供大家参考。

路径一：人格影响力

-

我们经常用"气场"这个词来形容那些成功的演讲者。到底何谓气场？其实，就是指演讲者的个人魅力。那些成功走上 TED 讲台的演讲者，基本都是自带气场的传奇，他们的人生故事充满启迪色彩，这种知行合一的演讲往往会更容易打动听众。在 TED 的演讲者中，超过 80% 的演讲者都会分享自己的成长故事，无论是职场还是生活，这种来源于亲身实践的真实体验，会让听众更好地感受到演讲者的人格影响力。

路径二：故事感染力

-

有了人格影响力背书，说服的难度大大降低。接下来的问题是，如何提升表达的感染力。这又回到了讲故事。好的演讲者总会随身自带好故事，有的甚至是故事大王。但是，并非故事多就代表说服力强。针对不同的演讲情景，针对不同的受众群体，针对不同的演讲主题，演讲者要学会选择不同的故事打动听众。这里的关键就是故事感染力。能否吸引听众的注意力，能否持续引发听众的兴趣，能否通过情感共鸣打动听众，就成为演讲者故事感染力的关键所在。

路径三：逻辑推导力

-

如果细心观察 TED 演讲，你就会发现，超过 50% 的演讲者都会采用逻辑推导的说服方式。演讲者用相关的事实和数据，采用逻辑推导的方式，进行归纳和演绎，最终得出有数据支撑和说服力的结论。为什么要这样做？首先，时间有限，过于发散的演讲风格，无法在短时间内聚焦听众的注意力；其次，在一个封闭环境下，演讲说服的核心要么是情感共鸣，要么是逻辑推导，即便是采取情感共鸣的故事，也必须有符合逻辑的推导过程，这才能真正赢得听众的理解；再次，演讲者说服的关键，还是要回到听众的大脑，如果没有严谨的逻辑推导，怎么可能说服听众。

事实证明，这三种源于亚里士多德的说服路径，在 TED 演讲中得到了淋漓尽致的展现。所以，演讲者要明白，要么采取人格影响力，要么采取故事感染力，要么采取逻辑推导力，才能提升你的演讲说服力。那种信口开河、极度自我的演讲者，注定走上了一条与听众的期待截然相反的路径，演讲结果可想而知。

TED 演讲者的五种说服方法

基于这三种路径，我们总结了 TED 演讲者的五种说服方法，供大家学习和参考。

方法一：关联

-

所谓关联，就是指演讲者所提的观点、论据和故事都要和听众的需求密切相关，这在 TED 演讲中非常多见，也是基本要求。比如，如果演讲的对象是孩子，那么对着孩子说玩具，这叫关联；如果演讲者对着孩子说股票，那就叫不着调。现实中，很多演讲者常犯的错误之一就是所讲的内容与听众毫无关联，当真是不着调。为什么会如此？

首先，很多演讲者不懂得研究听众，总以自我为中心，用一套演讲内容讲天下，从来不根据演讲听众的情况进行调整。至于听众的年龄、学历、工作背景、价值取向等问题，更不是他们的关注点。因此，你指望这样的演讲者与听众进行关联，难度很大。

其次，很多演讲者意识到了关联的问题，但找不到恰当的切入点，没有形成上下一致的演讲主线，所应用的案例、故事和数据相互不衔接，经常会让听众们不知所云。这会让听众产生更多的质疑，甚至会被认为"伪关联"。

因此，演讲者要进行有效的关联，就必须研究听众。要找到听众的需求所在，了解听众的背景资料，然后根据听众的特点选取有效的关联案例、故事和数据，让整个演讲更紧凑，才能达到关联的效果。

方法二：场景

-

在 TED 演讲者看来，不管是讲故事，还是说案例，演讲者都要给予听众一个典型场景。为什么场景很重要？这是因为，无论多么铿锵有力的观点，都需要在一个真实而具体的场景下才能成立。如果没有特定场景，很多观点将会陷入绝对化的陷阱，也容易引发挑战和争议。

首先，场景可以赋予听众代入感。当演讲者介绍完时间、地点、人物、事件的时候，听众就会在大脑中还原出一个具体的场景。接下来，听众不是凭空参与演讲者的演讲，而是内置于一个场景中理解演讲者的观点和问题。这样更能跟随演讲者的节奏，台上台下容易形成一致节奏。

其次，场景可以激活听众大脑中的既有知识储备。来到现场的听众，大多都是对演讲主题感兴趣，或者遇到过类似问题，对这个主题进行过相应的思考和总结的。因此，如果演讲者可以借由场景设置触动听众大脑中的相关知识存储，就更容易激活听众的参与感，现场的问题探讨将更深入。

方法三：类比

-

TED 的演讲者还会采用一种叫做类比的说服技巧。何谓类比？简单理解是，如果观点或者结论过于专业，就需要采用另外一种比较通俗易懂的方式，借用某种现象、案例、故事等表达出来，让听众听得懂、听得明白。

在周星驰的电影中有一句流传很久的话：我对你的敬仰，如滔滔江水，连绵不绝。这就是最典型的类比手法。类比手法本身的应用并不难，很多演讲者都能够驾轻就熟。但如果想更好地应用类比手法，演讲者一定要避免出现三个问题。

第一，类比不是咬文嚼字，说清楚最重要，不要太在意形式。因此，演讲者不要太在意语言的华丽和词藻的丰富，更要关注所类比事物是否贴切，不要把类比变成东拉西扯。

第二，类比的运用要和听众的知识结构、背景相关，如果对着毫无物理学背景的听众用爱因斯坦的相对论做类比，这简直就是挨骂的节奏。

第三，如果所类比的问题过于复杂，可以先拆解问题，再用比较贴切的案例、故事进行类比，不一定非要用一个类比解释所有观点。

把复杂的问题简单化，把生涩的问题通俗化。这才是演讲中类比策略的出发点。

方法四：对比

-

TED 演讲者还会采用一种叫做对比的方法来增强演讲说服力。我们经常开玩笑说，没有对比，就没有伤害。父母嘴边所说的"别人家的孩子"，基本就是对比手法的应用。

在 TED 演讲中，演讲者所采用的对比手法，不是简单的好与坏、多与少、强与弱的对比，而是通过对比策略，让演讲者的观点和结论更有说服力。通过对比，强化听众认知、深化演讲观点，使整个演讲的逻辑性更强。

那演讲者该如何应用对比策略呢？

首先，演讲者可以应用前后对比的方法。凡是涉及时间维度的效果反差问题，都可以采用前后对比的方法。最经典的应用案例就是减肥。比如，很多以减肥为主题的演讲者，往往喜欢用两张减肥前后的照片进行对比，这就是典型的前后对比方法。

其次，演讲者可以采用正反对比的方法。这在很多领域被称为对比实验。即两组样本，一组采用了某方法，另一组没有采用某方法，然后进行正反对比，这样的比较非常直观。

最后，演讲者可以采用横向对比与纵向对比。横向对比，往往是和其他人进行对比；纵向对比，往往是用自己的过去、现在和将来进行对比。通过对比的方式，演讲者的观点能更清晰地呈现出来，从而起到很好的说服效果。

方法五：想象

-

有一类 TED 演讲者，不仅可以通过现在和过去已经发生的事实和数据来说服听众，还能通过想象的手法，让听众跟随自己所展现的未来图景进行构图，继而与演讲者同频共振，产生一幅关于未来的演讲图景。

这是演讲高手的常用方法，难度自然也很大。原因是，让知识结构不同的听众，去想象一个现在还未发生的图景，看不见、摸不着，这本身就有相当大的难度。从演讲的实践看，大多数演讲者只能大致描述清楚当下的问题和事实，却很难在基于未来的想象层面获得听众的认同。这不是演讲者的水平不高，而是描绘出让听众相信的未来，难度实在太高。

即便你不是 TED 的粉丝，你也会经常见到想象的说服手法。最经典的案例莫过于马云先生的演讲。仔细看马云的演讲，他很少谈论当下，却会花更多的时间来描述未来。比如，某年的"云栖大会"上，马云首度提到"新零售"。这在当时还是一个新概念，如何让大家了解新零售、接受新零售就成为马云演讲的关键。马云先是提到了当下线上零售（电商）和线下零售（传统商超）的各自问题和痛苦（场景），再谈其他行业正在发生的变化（类比），又给出正在发生的几个典型行业案例（关联与对比），最后带领大家想象下新零售的未来。我们会发现，马云不仅成功地给在场听众和全国人民植入了新零售的概念，还让我们有了关于新零售的想象力。到如今，新零售早已从概念走向实践，今天正在发生的一切，正在佐证马云当初的判断，这就会形成下一个人们对于马云观点的信任起点。

想象不是天马行空，也不是毫无边界。想象还是要回归到主题，回归到听众的信服感。

该如何让听众跟上和信服演讲者的想象？

第一，要从听众当前的现实问题和痛苦出发，产生共鸣，产生启动听众内心的情感扳机。

第二，要用权威的事实和数据解读正在发生的变化，如果还能沿着时间维度描绘出清晰的演变曲线，那就更好了。

第三，如果缺少行业本身的典型案例，可以运用此前所提到的类比方法，用其他行业案例进行分析和解读。

第四，在此基础上，给出令人信服的推导和结论。

在这一过程中，如果演讲者之前有过良好的"未来规划兑现记录"——更通俗地说，过去吹过的牛全都实现了，显然听众更容易相信你所描述的未来。

演讲中所谓的"想象"方法，不是凭空来的，也不是灵机一动，更不是天马行空。想象，要建立在听众共鸣、事实和数据、演讲者良好的信用记录及人格感染力等层面，做不到这些，"想象"这种演讲说服方法，还是少用的好，省得别人说你是个"大忽悠"。

只要运用好五大说服方法，你就真正掌握了 TED 演讲高手的专业精髓。好风凭借力，送你上台阶。有了扎实的演讲基本功，有了 TED 五大说服方法，演讲者与听众的距离被拉近，演讲的效果会更好。

同时，我也要特别告诫演讲者：不要为了所谓的演讲效果，一味地讨好和讨巧，这不是对待听众的正确态度。讨好多了，相当于谄媚，听众会反感；讨巧多了，听众会质疑你的认真，也容易出问题。从实践的层面看，认真比讨巧重要，客观比讨好重要，这两句话，特别送给正在练习演讲的朋友们。有了正确的出发点，演讲才能事半功倍。

本章小结

....

1 **TED 演讲者的三大说服路径**

· 路径一：人格影响力

· 路径二：故事感染力

· 路径三：逻辑推导力

2 **TED 演讲者的五种说服方法**

· 方法一：关联

· 方法二：场景

· 方法三：类比

· 方法四：对比

· 方法五：想象

3 **TED 演讲者如何应用对比技巧**

· 方法一：前后对比

· 方法二：正反对比

· 方法三：横向对比与纵向对比

职场说话方法论——TED 演讲者吸引听众的三大策略

1	用针对性的故事描述观点
2	用震撼人心的事实描述观点
3	以有影响力的问题描述观点

职场说话工具包——TED 演讲者如何应用想象策略

1	从听众当前的现实问题和痛苦出发，启动共鸣
2	用权威的事实和数据解读正在发生的现实变化
3	用本行业或其他行业相关案例进行分析和解读
4	给出令人信服的推导和结论

职场说话场景五

🎙️

商务提案
—— 如何完成一拍即合的商务提案

第 17 章

阴差阳错

——糟糕提案者的三大典型问题

问题导读

1. 提案的本质属性是什么?

2. 为什么有的提案价值百万，有的提案错失百万?

3. 如何避免成为一位糟糕的提案者?

4. 如何构思提案的逻辑与表达?

5. 优秀提案者有哪些典型做法?

江湖传言：能写（讲）提案的，都不是一般人。

无论是对外的商务合作，还是对内的项目计划，提案都是一种重要的沟通方式。提案都会涉及文字和语言两个层面，把提案说清楚、写明白、打动客户或领导，才是让提案过关的关键密钥。

首先，提案的本质是说服和影响。

无论是说服客户，还是影响上级，提案都是一种观点和立场与另外一种观点和立场的交流。因此，是否能说服客户，是否能真正影响上级，就成为提案内容设计的重点。所以，提案内容的逻辑、提案形式的选择、提案时机的把握就构成影响提案水平高低的关键因素。

其次，提案的关键是触动和共鸣。

没有触动和共鸣，提案很难通过。比如，要想获得董事会的支持，你的提案必须打动公司董事，引发他们的共鸣；要想获得客户的订单，你的提案必须能触动客户的关切，并能在事关客户核心利益诉求方面产生共鸣；要想项目计划获得通过，你的提案必须有针对性的解决方案和应对措施，继而打动上级，获得通过。

最后，提案的核心是成本和利益。

这就涉及经济学上所提到的"理性人"假设。从管理的角度而言，所谓的提案通过，一定是利益最大化或成本最小化的理性选择，当然也可能是成本收益比的最优选择。因此，提案者不要忘记，让你对面的客户、评委、领导认为你的方案是成本收益比的最优选择，是和提案内容一样重要的事，这也是为什么成功提案特别注重形式、内容和时机的原因。

更何况，重要的提案，往往关系到数百万的商务合约，关系到当事人的事业前途，关系到创业者的生死存亡。兹事体大，不可不察。因此，凡是涉及提案的措辞、格式、顺序、案例、数据、观点、逻辑等，都需要提案者用心思考和准备。如何让一份有质量的提案打动客户、领导和投资人，就成为所有提案者的必修课。

糟糕提案者的三大问题

作为提案者，在完成一份优秀的提案之前，你更需要了解什么才是糟糕的提案。在大量的提案实践中，有三类典型问题往往是提案者最容易碰到的。没有逻辑，没有共鸣，缺乏说服力，这类提案的死亡率遥遥领先。

问题一：自说自话

-

见过这类提案者吗？一开场，通篇都是介绍自己、产品、创意或公司有多牛，本来是一场严肃的提案现场，却被他们转换成自嗨秀。至于听众厌恶的眼神、评委失望的神态，从不在提案者的关注范围以内。

这样的提案结果可想而知。自恋是自恋者的通行证，哪怕是提案内容真的很好，也不能完全不顾听众和评委的反应，陷入一种自说自话的状态中。还有一种自说自话就更加让人崩溃：整个提案过程完全按部就班，无论是语言表达，还是PPT呈现，哪怕现场出现了其他变化，都丝毫不能影响提案者的按部就班，从而造成场上场下毫无交集，听众评委毫无参与感。这样的自说自话，更让人崩溃。

提案者为什么会习惯性地自说自话？有三个原因。

第一，提案者的自我导向。任你风吹雨打，我自岿然不动。只要把自己想表达的说出来，才不管评委们作何感想。这类提案者把自我放在提案之前，因此，他们的提案不能通过，再正常不过了。

第二，提案者的任务导向。提案就是一次任务，只要按部就班地完成，结果好坏与我何干？这类提案者最大的问题是只对提案这项任务负责，不对提案的最终结果负责。如果在商务场合出现这类提案者，只能说明提案方的领导用人失察。

第三，提案者的完美导向。按常理说，提案者追求完美没什么不对。不仅可以准备充分，还可以给听众和评委呈现更精彩的提案内容。但提案的悖论恰恰在于：一旦陷入极度追求完美的"准备陷阱"，那就是"永远都没有准备好"的无限准备状态。但提案的呈现与表达时间永远都是有限的。在有限的时间内呈现无限的准备内容，当然就会"眉毛胡子一把抓"，而听众抓不到重点，提案就会让人不知所云了。

问题二：鸡同鸭讲

-

如果提案者发现听众和评委所提出的问题和自己的表达与呈现毫无关系，或者，听众和评委脸上充满疑惑且不知所云的表情，这说明提案者陷入了鸡同鸭讲的尴尬境地。

鸡同鸭讲，难的是互相听不明白，毫无观点交集。一场提案下来，提案者无比郁闷，评委们毫无感知。现实中，这样的提案呈现数不胜数：项目评审会上，听完提案者的表达，评委竟不知该问什么问题；客户招标会上，竞标者发言完毕后，采购方和第三方专家还是不清楚竞标者到底想表达什么；内部创新研讨会上，听完某一个充满奇思妙想的提案，听众完全不理解提案者的思路和想法，只能一脸茫然地苦笑。鸡同鸭讲的尴尬，比自说自话的自嗨，更让人不知所云。

为什么会出现鸡同鸭讲的提案？是什么让提案方和评委完全无感？原因有三个。

第一，提案者不了解需求。如果不事先认真研究客户需求，如果不了解评委和听众的偏好，如果不清楚这次提案的需求背景，提案者根本无法完成一份高质量提案。试想一下，如果客户和评委想要的是 A，你却偏偏围绕 B 展开，这种提案怎么可能赢得客户和评委的认可？

第二，提案者准备不足。做必要的准备是提案的前提。如果了解清楚需求，就要针对需求做相应的提案逻辑和内容设计。比如，哪些应该先讲，哪些应该后说，哪些内容要一带而过，哪些内容要重点展开，等等。围绕客户需求出发，按照客户和评委所能理解的方式进行呈现和表达，这样的提案准备过程，能显著减少鸡同鸭讲的情况。

第三，提案者的呈现效果不佳。有人会说，我事先了解了需求，也做了充分准备，但为什么最后的提案依然会鸡同鸭讲？原因可能出在呈现效果上。比如，图表呈现和文字呈现如何运用；是结论在前还是论据在前；是侧重于事实和数据的表达，还是侧重于逻辑和形式的表达；等等。不同的提案方式，如果与听众和评委的认知方式不一致，就很容易造成鸡同鸭讲的情况。

问题三：言过其实

-

相比前两个问题，言过其实的问题更隐蔽，往往是提案者难以觉察的，却是领导和评委无比在意的地方。想想看，如果领导和评委认为提案者言过其实，就会产生质疑，信任度无法建立，提案通过的概率便会大大降低。

莫非提案者故意言过其实？非也非也。大多数情况下，提案者可能还没有意识到自己的呈现和表达已经让对方有言过其实的感受。到底这种感受是如何产生的？有以下三个原因。

第一，提案前的信任没有建立。参加过招投标的朋友们都知道，在正式招标前，如果双方没有接触，不能产生起码的信任，这样的应标历程对双方都是煎熬。因此，提案者需要特别重视提案前的准备，包括对客户需求和领导意图的理解，对提案背景及所要解决问题的了解。更重要的是，提案者还需要和对方建立信任，信任感有了，对方言过其实的感受就会大大降低。

另外，在提案准备时，一定要确保所有的事实和数据都有出处和源头，最好有第三方的权威数据，还要交代事实和数据的背景情况，特别是要考虑观点的边界和假设前提。把这些问题解决好，言过其实的问题就解决了。

第二，提案中的呈现缺乏逻辑。逻辑表达是提案的重中之重。我们之前提到过自说自话的问题，真正的障碍在于：提案者需要按照领导或客户的视角进行呈现和表达——如果你是对方，你最关心什么，你最想了解什么，凭什么证明你是对的、你的提案是最优的、你的提案最能解决领导（客户）关切的问题，你会怎么做，等等。

从这个角度出发，所有的提案者都要过提案的客户导向这一关。从客户的理解出发，从领导的关切出发，用他们更习惯的思考方式来表达，这才是所有提案的逻辑原点。

第三，提案过程没有关注对方。无论事前做多么充分的准备，提案者也不能保证所做的准备一定是领导或客户所关切的全部。如果你不幸遇到"不靠谱"的领导或客户，"计划赶不上变化"的问题，就成为提案者必须面对的常态。

因此，提案者一定要重视提案过程中领导（客户）的反馈：他们对哪些问题严重关切，对哪些问题漠不关心，对提案的什么内容非常看重，对哪些问题还存在疑虑，等等。所以，提案者需要在提案前准备一张备选问题清单，针对可能遇到的问题做相关的应答准备。只有这样，提案过程才会事半功倍。

另外，提案者还会遇到词不达意、对牛弹琴、不能同频共振、不能打动评委等问题，这些问题都是以上三类典型问题的引申表现。总之，缺乏逻辑说服力的提案，都会遭遇以上问题，也会让提案效果大打折扣。那么，作为提案者，你该如何解决这三大问题，让提案轻松过关？

优秀提案者的三大特点

优秀的提案者总是相似的。我们研究了中央电视台《赢在中国》节目、创业者与投资人对话会及几百位历经提案闯关成功的优秀提案者的案例，从他们身上，总结出优秀提案者的三大特点。

特点一：客户导向，自我退后

-

客户关心什么，评委看重什么，为什么他们需要这份提案；在他们看来，好提案的标准是什么……这些问题就是典型的客户导向、自我退后。反过来，凡是那种先把自己放在提案之前，不关注客户需求和领导期望的提案者，最终的结果都不怎么好。

如何才能完成一份以客户为导向，自我退后的提案？

第一步：换位思考——如果你是客户或评委，你最关注什么？列出问题清单。

第二步：需求排序——根据问题清单，按照客户或评委所关注的问题的重要度进行排序。

第三步：逻辑呈现——根据问题排序，准备和整理相应的事实、数据与解决方案。

第四步：查缺补漏——站在客户角度，重新审视提案（草案），检查不足和遗漏。

第五步：预案准备——梳理客户可能提出的其他问题，列出应对策略和方案。

事实证明，只有遵循以上五步策略，提案者才能完成一份质量高的好提案。

特点二：聚焦主题，层层递进

-

千万不要东拉西扯，更不要说到兴奋处停不下来。从专业角度看，提案的本质也是一场"销售"：说服领导或客户，为你的提案买单（通过）。因此，提案需要聚焦主题，解决客户的担忧，增强领导的信心；提案者需要层层推进的逻辑说服力。

因此，提案者特别要警惕以下几个提案陷阱。

第一，多个主题交叉。客户或领导实在不清楚你到底想表达什么。

第二，缺少逻辑主线。每个子主题都是并列关系，没有逻辑主线。

第三，没有背景解读。所给出的主题和观点，缺少必要的背景交代。

第四，观点缺乏支撑。只有空洞的观点，没有相关的支撑内容和资料。

那么，我们该如何规避以上四类陷阱，在提案准备和实施过程中，不断聚焦主题、层层递进呢？有三个常用做法。

第一，用思维导图等工具，辅助你构思提案思路和逻辑。

先构思结构，再填充内容，而不是相反。互联网上有很多关于思维导图的课程和书籍，大家可以作为参考。记住，重要的是思路和逻辑，至于思维导图本身的工具属性并不重要。你可以借助很多工具和手段来实现，但提案思路和逻辑才是提案准备的核心。

第二，用逆向思考等方法，检验你的提案主题和结构。

如果参加过辩论赛，你就能理解正反方的价值所在。另外，你也可以用一个更"变态"的方法——提案内容准备完后，把自己当成对手或者专门挑刺的人，对从主题到分结构的所有观点进行质疑，而提案者要面对和回应这些质疑，直到能说服自己为止。如果连自己都说服不了，说明你的提案内容有待改进。

第三，用案例复盘等策略，帮助你找到提案坐标和参照。

千万别错过那些成功的提案案例。要知道，这些案例都是经得起实践检验的。如果能拿到那些成功的提案案例，研究这些案例背后有哪些共同特点可资借鉴，进而应用到你正在准备的提案中去，这将帮助你加快提案准备的效率，提升提案通过率。

特点三：重视事实，呈现数据

-

我们的研究发现：那些优秀的提案者往往非常重视事实和数据。有些提案者还经常使用案例和故事，通过以点带面的逻辑呈现使提案的信服度更高。原因是用充分的事实和数据论证，用真实的案例和故事解读，这样的提案经得起推敲，经得起质疑，更容易打动人心。

在应用事实和数据层面，提案者要特别留心几类典型问题。

第一，事实和数据简单罗列，缺乏必要的逻辑验证关系，彼此无法支撑。

第二，事实片面与数据冗余，没有足够的信服力，让人百思不得其解。

第三，事实和数据来源单一，缺少必要的各方观点呈现，容易引发质疑。

第四，将事实和数据绝对化，忽略了假设前提和相关背景，信服度降低。

在应用案例和故事层面，提案者也要留意，避免落入以下误区。

第一，案例和故事不真实。所有的案例和故事一定会有演绎的成分，但请尊重真实性，不然会产生引用无效的情况。

第二，案例和故事不贴切。故事是好故事，案例是真案例，但和你要表达的主题毫不相关。如果八竿子打不着，干吗还要第九竿子呢？

第三，案例和故事绝对化。我们可以理解为了印证提案中的主题和观点而引用相关案例和故事，但不能将故事和案例绝对化，忽略了基本的假设前提和边界。

那么，该如何避免以上的问题和误区？我们也有三个建议。

第一，引用事实和数据时，请给出原始出处和结论背景。这样的话，客户和领导就清楚你的事实和数据从何而来，也能理解所引用事实和数据想表达的观点。

第二，引用案例和故事时请还原案例和故事的发生场景。在什么时间、地点和情况下，发生了一件什么事。这样的场景交代有助于客户和领导理解你的主题。

第三，无论是引用事实和数据，还是使用案例和故事，不要过度。要根据所选的主题和提案场景来安排，不要把提案现场变成故事会，也不要变成辩论赛，你的目的是通过提案，那才是重中之重。

有了以上方法和策略，你才能彻底告别糟糕提案，在成为优秀提案者的路上坚定前行，大大提升提案通过率。

本章小结

· ·

① **提案的三大本质属性**

- 属性一：说服和影响
- 属性二：触动和共鸣
- 属性三：成本和利益

② **提案失败的三大典型问题**

- 问题一：自说自话
- 问题二：鸡同鸭讲
- 问题三：言过其实

③ **提案者为何会陷入自说自话**

- 原因一：提案者的自我导向
- 原因二：提案者的任务导向
- 原因三：提案者的完美导向

职场说话方法论——优秀提案者如何聚焦主题、层层递进

1	用思维导图等工具，辅助你构思提案思路和逻辑
2	用逆向思考等方法，检验你的提案主题和结构
3	用案例复盘等策略，帮助你找到提案坐标和参照

职场说话工具包——如何在提案中贯彻客户导向

1	换位思考——如果你是客户或评委，你最关注什么？列出问题清单
2	需求排序——根据问题清单，按照客户关注的问题的重要度进行排序
3	逻辑呈现——根据问题排序，整理相应的事实、数据和解决方案
4	查缺补漏——站在客户角度，重新审视提案，检查不足和遗漏
5	预案准备——梳理客户可能提出的其他问题，列出应对策略和方案

第 18 章

防不胜防

——不要把提案现场变成案发现场

问题导读

1. 为什么事前准备充分的提案者也会在提案现场出问题？

2. 提案者该如何面对提案现场的质疑？

3. 提案者如何避免陷入细节的过度讨论？

4. 如果事前准备不充分，提案者在现场要做些什么？

5. 如何用换位思考帮助提案者提升效果？

终于，我们来到了提案现场。千万不要把提案现场变成案发现场。

这不是玩笑。很多提案者，前期的准备很充分，但一旦到了提案现场，就会出现各种意外和突发情况使提案现场变成了案发现场。事实上，之所以发生这种情况，是因为提案者陷入了三大误区。

提案者的三大误区

误区一：不问需求，就说方案

-

出现这种情况，往往都有两个原因。第一个原因是提案者前期准备不充分，没有真正了解和洞察客户或领导的需求，满脑子想的都是如何将自己的提案内容"推销"给对方，根本不在意客户或领导到底想要什么。

第二个原因是提案开场的自以为是。从开场策略而言，提案者前期准备充分，不等于完全理解和洞察客户需求。因此，在提案开场时，先反馈下自己对客户需求的理解，或者通过互动方式确认对方的需求，这本质上都是在告诉对方：我理解你。有了这个前提，你的开场一定气定神闲。

误区二：反驳质疑，证明对错

-

在提案现场受到质疑其实很正常。提案者要有清醒的认知：客户或领导的质疑不是否定你的提案，而是对提案内容有疑问。因此，那种一遇到评委质疑，就马上全副武装自己，千万百计证明质疑是错的提案者，就陷入了反驳质疑、证明对错的典型误区。

首先，提案者要欢迎质疑。出现质疑往往意味着两种情况：要么是评委对内容没理解，需要提案者再次确认，这就给了提案者再次重复、解读内容，增加评委印象和理解的机会；要么是提案结构和逻辑与评委产生偏差，通过评委提出的问题，提案者就可以适时调整结构和逻辑，进而和评委的理解同频共振。无论出现以上哪一种情况，对提案者都是有百利而无一害。既然如此，提案者为什么要对客户和领导的质疑恐慌呢？

其次，提案者要保持心态开放。所谓开放，意味着提案者要尊重观点的差异和不同，视差异为机会，不再把所谓的面子和对错放在问题前面。提案者如果能在客户或领导的不同意见中，丰富自己的提案内容，何乐而不为呢？

既然如此，为何很多提案者放不下所谓的面子，在质疑面前选择捍卫颜面的反驳呢？原因有两个：第一，过于看重对错，将提案内容与自己的面子画等号，所有的质疑都被理解为对方在指责自己有错；第二，害怕别人看到自己的不足，在观点面前向来都是防守反击，不再给观点本身的不足保留任何空间，这本身也是一种保守心态或者不自信的表现。

最后，提案者要充分借助回应解读提案。作为提案者，你不仅不能逃避客户或领导的质疑，还要正面回应质疑，理解质疑背后客户或领导真正的担忧。同时，不可否认的是，很多观点和意见表达，并非三言两语能说得清。基于提案者所设计的框架结构，有些在客户或领导看来非常重要的部分，未必会在提案者那里得到着重解读。因此，通过回应客户和领导的质疑，提案者不仅能清楚地了解对方的关注点，还能借此将此前未说清的问题解读一遍，有百利而无一害。

还要补充一点，未必所有的质疑都是合理的。有些质疑恰恰可以反应客户或领导的认知水平；有些质疑可能本身就有问题，或者存在很多不合理的地方。但这些都不是问题。否定客户和领导是容易的，但别忘了，提案者真正需要的是提案通过。提案者可以通过回应质疑，调整后续提案内容的表达方式，进而推进提案顺利通过。

误区三：总谈细节，忘记初衷

-

提案的初衷是什么？难道只是为了显示提案者风华正茂、满腹经纶？或者，为了让客户或领导为你的提案内容所折服？其实不然。提案的初衷，恰恰是让提案通过。如果忘记了这个初衷，反而对提案过程中的细节斤斤计较，那就是捡了芝麻丢了西瓜。

为什么很多提案者会陷入这个误区？通过案例研究，我们发现有三个原因。

第一，目标感不强。对于那些目标感不强的提案者，他们深陷到细节中去不可自拔，简直就是工作和生活的常态。提案过程中，他们经常被客户或领导的提问牵着走，经常容易在并不重要的细节上浪费时间，经常忘记提案的初衷。这种情况下，提案结果可想而知。

目标感不强，还有一个原因，是提案者可能还没有找到自己真正想要达成的目标。这给提案者的启示是，一定要在提案前确定自己想要的目标，还要问自己，是否真的想要达成目标。千万不要小看这一点，目标越清晰，目标越想要，接下来达成目标的路径和行动就越有效。这不是什么成功学逻辑，而是目标之于我们每个人的内驱力使然。

第二，成就感错位。对自己的提案内容充满成就感，当然是好事。就像销售人员对自己的产品喜形于色，研发人员对自己的创意坚定不移一样，这种成就感的建立，会让当事人更好地胜任角色，也能更好地产出结果。

但对于提案者，你首先要问自己：需要对什么产生成就感。对提案内容，你当然需要建立成就感，这会让你准备得更充分，对内容理解更到位。但提案的关键是通过。要想让提案通过，就必须洞察客户或领导需求，就必须建立基于客户需求的成就感，如果提案者不在这上面下功夫，却偏偏在自己认为的某些细节上纠缠不清，最后的结果可想而知。

第三，准备不充分。一旦准备不充分，很多提案者的临场反应就是"驾轻就熟"：自己熟悉和擅长的内容，充分发挥和表现；自己不擅长和熟悉的内容，最好能只言片语简单带过，以此来掩盖准备不足的问题。

但是，客户和领导岂是吃素的？如果是客户，你的提案往往关系到客户的真金白银，对于即将付款买单的提案，哪一个客户会轻易放过？如果是领导，你的提案往往涉及项目推进，尤其是重要项目的实施也是真金白银的投入，你相信领导会那么轻易让你蒙混过关吗？

退一步讲，哪怕客户和领导真的没有看出来提案者准备不充分，但更重要的问题在于：你所熟悉和擅长的内容，未必就是客户和领导关心的。因此，你在某些细节层面的详细解读，丝毫无助于消除客户和领导内心的质疑，反而会让你深陷细节不能自拔，全然忘记了本次提案的初衷。

走出误区的四大方法

该如何走出这三大误区？在过去的工作实践中，我们访谈了上百位提案高手，他们在逻辑说服力层面颇有心得和建树。以下四种方法，可以帮助大家在提案现场稳定发挥、游刃有余。

方法一：结果导向，以终为始

-

无论是提案前的准备，还是提案现场的表现，贯彻结果导向，全程以终为始，是助力提案顺利过关的有效方法。

所谓结果导向、以终为始，就是将提案通过作为行动指针。提案者需要做到以下几步。

第一步：详细了解客户或领导的需求及背景，以此作为准备提案的出发点。

第二步：研究以往类似提案通过的优秀案例，从中总结提案通过的关键要素。

第三步：按照客户或领导的需求逻辑设计提案内容、框架及现场呈现方式。

第四步：列出客户或领导可能关心的问题，以此形成问题清单和备选方案。

第五步：提案现场全程关注客户或领导的关切点，随时调整呈现和表达结构。

要做到结果导向、以终为始，提案者还要提醒自己，不要落入以下三个陷阱：

第一，闭门造车，提案的内容设计完全是自以为是的产物。

第二，照搬照抄，将一个过往的成功提案简单修改，不考虑需求和背景。

第三，平均用力，每个模块的内容都是平均用力，缺少鲜明的提案侧重点。

方法二：换位思考，找准障碍

-

换位思考，其实从提案准备阶段就开始了。在提案之前，了解客户或领导的需求，从他们的需求出发准备提案内容。提案者还需要设想各种可能的质疑和问题，准备问题清单和应对方案。这种换位思考能让提案者知己知彼，使提案内容更胜一筹。

但千万不要认为，只需要在提案前换位思考就能解决一切问题了。提案者要明白两件事：

第一，事前所做的换位思考，可以帮助提案者有的放矢，但无法保证就一定符合客户或领导的真实想法。因此，提案现场必须做验证，不能完全固守自己的想法。

第二，在提案现场，客户或领导的意见也会随着提案内容的展开有所变动，当他们对于提案的要求有所变化时，提案者要跟随这种变化，甚至也会更改原先的提案内容。

因此，提案者需要全程换位思考。在提案现场，如果客户或领导提出了新的问题，而且新问题不在你之前的问题清单之列，这个时候，不要着急马上回答，给自己几秒钟的时间思考一下，对方提出这个问题的原因是什么，是因为你之前的内容所引发的问题，还是对方临时增加的问题。这种换位思考，会帮助提案者临场应变，充分应对客户或领导提出的问题。

换位思考的关键在于找出影响提案过关的障碍点。如果是招标现场，提案者不要放过任何一个有关对方预算、需求和采购标准的问题，而要想更好地理解这些问题，还是需要回到客户所处的角色（决策者、影响者、执行者），思考他的出发点和角色要求，这样就能更好地回应对方的担忧及问题。如果是内部项目提案现场，提案者要根据领导提出的问题，理解领导的担忧和顾虑，并回到领导所处的角色或岗位换位思考，这将有助于提案者更好地转换提案内容，从而赢得提案通过。如果存在多个评委角色，作为提案者的你还要区分谁是同盟军、谁是中间派、谁是搅局者，知晓他们的意见和问题背后所代表的立场，这也是一种换位思考，可以帮你减少误判，省去很多非重点问题的犹豫不决。

方法三：重复问题，理解为先

-

面对客户或领导在提案现场提出的问题，我们该如何应对？给大家分享一个简单实用的方法：在回答问题之前，先把对方的问题重复一遍，如果有可能，最好能将"问题背后的问题"挖掘出来，说出对方的疑虑和担忧，然后给出应对方案。

为什么要先把对方的问题重复一遍？第一，通过重复问题，你可以向客户或领导表明，你充分理解了对方的关切，也体现了对客户或领导的尊重。第二，通过重复问题，你为自己赢得了宝贵的时间，大脑可以充分利用这几秒钟的时间梳理问题和逻辑，在之前准备好的问题清单中寻找答案，或帮你重新组织应对措施。第三，提案者通过重复对方的问题，会让客户和领导认为，你理解了他的问题，从而对你后续的回答抱有期待；反过来，如果没有重复对方的问题，且你的回答不能马上让客户或领导理解，那么对方的第一反应是：你连我的问题都不理解，怎么可能给出好的解答，就更不会期待一个完美提案了。

为什么还要将"问题背后的问题"挖掘出来？原因是在提案现场，客户或领导所提出的每一个问题都是基于自己内心的假设和需求。因此，挖掘"问题背后的问题"，以此为出发点，告知客户或领导你的解决方案，这样的回应会让对方更满意。

比如，在客户的提案现场，甲方评委问你：你们的项目实施团队有几个人？这个时候，如果直接回答几个人，显然不能解决客户的担忧。这个时候，所谓挖掘"问题背后的问题"，就可以回应客户说：您一定非常关注项目实施团队的专业水平和响应速度，甚至包括突发情况下，项目团队的专业水准能否快速解决问题……。请注意，当你将客户真正的担忧挖掘出来，并告诉客户项目团队的组成情况、专业背景、复杂问题应对能力、为什么选择他们组成项目团队、他们的优势是什么等，这样的回应是不是更能赢得客户的满意？

方法四：晓之以理，动之以情

-

只要内容足够好，提案就能通过吗？当然不是。

无数提案者的实践告诉我们，除了内容扎实过硬之外，客户或领导还非常重视你在提案现场的行为表现。开场能否赢得好感、行为表现是否值得信任、过程中的细节处理是否专业到位等，都会成为评委衡量提案是否过关的综合考量因素。为此，作为提案者，你需要做好三件事。

第一，用事实和数据展现你的客观性。在提案现场，提案者需要用权威的事实和数据来说明观点。如果事实不准确、数据有瑕疵，很容易引起客户或领导的不信任。如果确实没有相应的事实和数据佐证你的观点，也不能拼凑数据或耍小聪明，老老实实告诉客户暂时没找到相应的事实和数据，也表现了你在评委面前的真诚。

第二，用细节和过程展现你的专业度。这包括你是否按时出席提案会，你的提案文件是否专业，你所做的提案演示是否认真；在处理相关问题时的细节如何，是否按照逻辑呈现你的提案，是否将你的核心观点和提案优势表达出来；等等。这需要提案前的准备和演练，评委也能据此观察你的专业度。

第三，用故事和案例展现你的影响力。无论是客户还是领导，打动他们的不仅是事实和数据，还有你的故事和案例。比如，过去曾做过哪些类似的项目，与客户之间发生过什么样的有趣故事；与提案中某个观点相关的你过去的一段与众不同的经历，以及在准备提案、修改内容时所发生的故事等。这些真实的案例和故事更能打动评委，也能在两个专业水平相差无几的竞争对手中，让评委为你投下致胜的一票。

这三件事做好了，提案通过率将大大提升。而所谓的晓之以理、动之以情，就是从理性和感性两条线索出发，既要在理性上以专业服人，也要在感性上以真诚动人，这样的提案现场，何尝不是一次美好的体验。

本章小结

① **提案的三大典型误区**

- 误区一：不问需求，就说方案
- 误区二：反驳质疑，证明对错
- 误区三：总谈细节，忘记初衷

② **影响提案者发挥的三大问题**

- 问题一：目标感不强
- 问题二：成就感错位
- 问题三：准备不充分

③ **在提案现场如何应对质疑**

- 策略一：提案者要欢迎质疑
- 策略二：提案者要保持心态开放
- 策略三：提案者要充分借助回应解读提案

职场说话方法论——优秀提案者四大现场提案方法

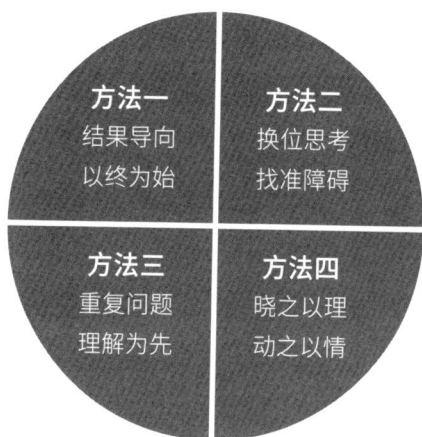

方法一 结果导向 以终为始	**方法二** 换位思考 找准障碍
方法三 重复问题 理解为先	**方法四** 晓之以理 动之以情

职场说话工具包——优秀提案者如何做到结果导向

1 详细了解客户或领导的需求及背景，以此作为准备提案的出发点

2 研究以往类似提案通过的优秀案例，从中总结提案通过关键要素

3 按照客户或领导的需求逻辑设计提案内容、框架及现场呈现方式

4 列出客户或领导可能关心的问题，以此形成问题清单和备选方案

5 提案现场全程关注客户或领导的关切点，随时调整呈现表达结构

第 19 章

忍无可忍

——评委最反感的提案内容四大硬伤

问题导读

1. 为什么堆砌观点的提案往往会引发评委反感？

2. 提案中，如何进行观点与论据的强关联？

3. 如何避免提案结构的杂乱无章？

4. 如何设计一个引人入胜的结尾？

5. 优秀提案报告有哪些鲜明特点？

内容有硬伤，提案准得黄。

提案内容准备的三大典型误区

内容是提案的核心。如果内容没价值，提案本身就毫无意义。在那些久经沙场的提案者看来，"内容为王"才是关键，提案者要将主要精力放在内容上，通过内容的精心设计，达成提案的预期结果。在提案内容的准备上，提案者要谨防三大误区。

误区一：堆砌观点

好的提案，应该主线清楚、主题明确、逻辑严谨。如果提案者试图在内容上堆砌观点，那作为评委的客户或领导，可能搞不清楚提案者到底想说什么。很多评委告诉我，那些堆砌观点的提案者，除了会模糊自己的提案主题，还会给评委造成这样的印象：这位提案者专业吗？对提案背景和客户（领导）需求了解吗？一旦有了这样的印象，提案者就要面临大麻烦了。

误区二：面面俱到

-

提案者必须面对的一个现实是：提案现场的时间有限，评委的注意力有限，在短时间内如何能让客户或领导有耐心听完你的面面俱到？因此，提案者要学会提炼重点、以点带面，即便是为了展示全貌，也不能每个部分平均用力。有些内容，一带而过；有些内容，简明扼要；有些内容，深入展开。反过来，如果一位提案者总是用面面俱到的方式做提案，那些有经验的评委会认为提案者抓不住重点，这反而会影响对提案者的整体评价。

误区三：自我提前

-

这个问题最危险。很多提案者的逻辑是：我很牛，所以客户或领导应该让我的提案通过。这样的认知不是天真就是无知。评委的逻辑是：你了解我的需求吗？你的提案能满足我的需求吗？你和对手有何区别？你的提案有哪些亮点和优势？因此，那些试图证明自己牛，理所当然地认为提案能够通过的提案者，最大的问题在于：没有从客户或领导的角度思考问题，用自己的标准来替代评委的标准，而不去关心评委对于提案真正关心的问题。一旦自我提前，提案通过将遥遥无期。

堆砌观点的背后，本质是提案者不了解客户或领导需求；面面俱到的背后，本质是提案者不能有效抓住提案的重点和主线；自我提前的背后，本质是没有贯彻客户导向，以自我为中心，不能将客户放在第一位。这样看来，只要坚持客户导向、认真梳理提案主线和逻辑、学会站在客户或领导角度思考问题，就能避开这三大误区。

提案内容准备的四大硬伤

对于重要的商务提案，客户或领导往往要求提案者先行提交提案报告。如果提案内容本身没水平，提案者连去提案现场的机会都没有。因此，提案者要格外重视提案内容的质量。俗话说，没有金刚钻，不揽瓷器活。为了让提案报告顺利过关，在提案报告的内容层面，提案者要知晓评委最反感的提案内容四大硬伤。

硬伤一：观点毫无新意

-

如果你是评委，你愿意看到千篇一律的雷同观点吗？你愿意听到毫无新意的陈词滥调吗？你愿意将时间浪费在一个没水平、没价值的提案报告上吗？在评委看来，如果一个提案报告毫无新意，他们会做两种判断：要么是准备不充分，对提案内容不重视，没有展示真正的专业水平；要么提案者本身不专业、不能提供有价值的解决方案。无论是哪一种判断，提案报告都已经被判了死刑。

该如何让你的观点有新意？有两种做法供提案者参考：

第一，准备提案内容时，在了解客户或领导的需求后，总结和提炼有差异化的观点。提案内容的针对性、观点的差异化、结构的逻辑性，是保证提案内容质量的三个关键。要想呈现观点的差异化，不是刻意哗众取宠，而是要建立在深刻洞察评委需求的基础上，找到"问题背后的问题"，从而才能给出有针对性的差异化观点。

第二，聚焦客户或领导关注的核心问题，先行梳理应对措施，然后再进行逻辑化总结与归纳，多次往复就能形成鲜明化观点。有经验的提案者都明白，第一次准备项目提案所形成的观点和逻辑，往往和最后提交的提案正式稿完全不同。这不仅是因为随着提案内容的深入准备，你对于客户或领导需求的理解会不断加深，准备的提案内容深度会提高，还因为在"从问题到方案、从方案到问题、再从问题到方案"的多次打磨中，你将形成针对客户或领导核心诉求的个性化观点。

硬伤二：论据与观点毫无关系

-

有的提案者观点很鲜明，也非常有吸引力。可一旦评委去寻找提案报告中的相关案例和数据，往往会非常失望。原因是：观点和论据之间毫无关系，论据与论据之间毫无关系。评委们看过提案报告之后，往往百思不得其解，这样的提案内容也存在不小的问题。

为什么提案报告的论据与观点、论据与论据之间毫无关系？在和一些提案者的访谈中，他们提到了三个原因：第一个原因是提案者的逻辑不清，在观点和论据之间，没有建立必然的逻辑关系；第二个原因是提案者缺少相关论据，有的提案者观点非常鲜明，但一时半会还没有找到相关的事实与数据相支撑，为了完成提案内容，就选择了相关度不高的案例或数据进行支撑，这样的内容在评委那里难免露馅；第三个原因是提案者的论据逻辑没问题，但在阐述论据时，没有呈现或表达清楚彼此之间的关系，这样的提案报告内容也会让评委感觉云里雾里。

该如何构建观点和论据之间的强关联？这里给大家三个应用策略做参考。

第一，用逻辑树等工具梳理观点和论据之间的关系。在准备详细的提案报告内容前，先列提纲，通过逻辑树、鱼骨图、思维导图等方式，呈现出观点和论据之间的逻辑关系。有了这个前提基础，后面的内容展开就不会杂乱无章。

第二，在准备相应的事实、数据和案例时，先提炼出这些内容的核心观点，再对应先前的逻辑树提纲，保证所采用的论据与观点之间是密不可分的强关联关系。

第三，在形成完备的"观点—论据"内容体系后，提案者要从提案报告的结构出发，换位到评委视角，或者在内部邀请团队专家进行模拟评审，检验观点与论据之间的逻辑关系，从而帮助提案者更好地建立观点与论据之间的强关联。

硬伤三：结构杂乱无章

-

有了好的论点和论据，如果没有好的结构，照样会让提案者的报告内容平淡无奇，甚至很难赢得评委的好感。结构相当于骨架或框架，能很好地展现提案者内容的张力，采用什么样的内容布局、写作流程、表达顺序，就构成了提案报告内容的结构化要件。过往的实践也证明，那些能够赢得评委赞许的提案报告，往往都有着非常清晰和流畅的结构化表达，从而让观点更鲜明、方案更有力。

在提案报告的结构层面，提案者往往会犯两个错误。第一个错误是用自己喜欢的结构替代评委所理解的结构。意思是，提案者仍然陷入自我导向，自以为按照某种结构能更好地表达观点，但事实上，只有换位到评委视角，站在评委审视提案报告的角度去构思提案内容结构，才有助于评委更好地理解你的提案内容。第二个错误是提案的内容结构缺乏前后一致性。没有提前按照前述所提到的逻辑树梳理大纲，结构很难经得起推敲，也不容易发现相应的逻辑主线，评委也没有耐心去看完提案内容。对提案者来说，这肯定不是什么好消息。

该如何减少结构层面的杂乱无章？首先，在形成鲜明观点后，还是要严格用逻辑树的方式梳理提案报告内容，形成可经得起推敲的逻辑结构；其次，可以参考过去优秀的提案报告，看它们的结构是如何做的，至少可以帮助你了解他人的做法；还有，要学会换位到评委视角，从评委更好理解的角度设计结构，从而让呈现方式更有力度。

硬伤四：结尾平淡无奇

-

行百里者半九十。如果结尾平淡无奇，如何能让你的提案报告脱颖而出？

其实，我们并非是让提案者设计夸张华丽的结尾，而是结尾要画龙点睛。既然有了好的观点、论据和结构，那么结尾处的画龙点睛，将会让评委对你的提案报告印象深刻。因此，千万不要让你的提案报告草草收场，也不要让前期的努力付之东流。

什么才是一份提案报告中"出彩"的结尾？该如何设计你的提案报告结尾部分？从成功提案者的实践看，有四类结尾可以让你的提案报告更进一步。

第一类结尾：总结归纳。这类结尾不难理解，相当于在结尾部分，总结提案报告的内容精华。重复，才会印象深刻。同时，这也是帮助评委回忆前述提案内容的好方法。

第二类结尾：留有悬念。所谓留有悬念，不是故作玄虚，而是在之前表达清楚观点，给评委一个完整的提案报告内容的基础上，对某部分还没有完全展开并且是评委在意的部分，做留有悬念的结尾，引发评委的关注。提案者必须特别小心：如果之前相应的内容表达有问题，这样的结尾也丝毫不能提起评委的兴趣；如果留有的悬念不是评委所关心的，这样的结尾反而会显得缺少真诚。

第三类结尾：分享感受。在提案报告的结尾，可以回顾下提案者准备提案的过程，以及在此过程中，如何理解客户或领导的需求，准备提案过程中遇到了哪些困难和问题，解决问题后的收获等。不要小看这些感受，还记得我们在上一章提到的提案现场的理性与感性两条线索吗，这样的分享会让你的提案报告更容易打动评委。

第四类结尾：未尽事宜。所谓未尽事宜，是向评委坦白，在准备提案报告内容时，有哪些问题并没有准备充分，还存在哪些问题，等等。这样的结尾，会让评委感受到提案者的真诚，至少不会给你很差的印象分。

优秀提案内容的三大特点

以上四大硬伤，曾经给很多提案者的提案内容制造过麻烦。要避免这四大硬伤，就必须搞清楚好的提案报告内容是什么样的。接下来，我们给大家分享优秀提案内容的三大特点。

特点一：提案报告的主题鲜明

我们反对标题党，但我们也想告诉提案者：给提案报告选一个好的主题，能为你的提案增色不少。评委真正关心的，根本就不是你多么有才华，而是你的提案内容是否能成本最低、时间最短、效率最高地解决他的问题。如果你的提案报告主题能一下子回应评委的关切，就给了评委一个深度研读你的提案报告的理由。

那么，什么才是好的提案报告主题？该如何通过主题回应评委的关切，如何做到言简意赅、一步到位？有两个技巧供大家参考。

技巧一：直接把评委当下的关切作为主题。比如，评委最关心性价比，那么你的提案报告主题可以直接写：解决性价比问题的六大举措。这样的主题，观点鲜明，没有废话，而且直达评委的关切，简单有力。

技巧二：直接把评委期待的结果作为主题。比如，评委期待项目周期优化到 90 天，你的提案报告主题可以直接写：从 120 天优化到 90 天的项目周期解决方案。与评委所关心的问题相比，以他们所期待的结果作为主题，可以让评委研读提案报告的动力更足。

特点二：提案报告的结构清晰

-

所谓结构清晰，意味着你的提案需要分层次、做排序，按照某种一致性方式呈现给评委。一份优秀的提案报告，绝不能前言不搭后语，绝不能东拉西扯。只有建立了清晰的结构，你的提案报告才能更具说服力。

那么，什么样的提案报告内容结构可以让评委怦然心动？以乙方给甲方的某项解决方案报告为例，有三种方法供提案者参考。

第一种：问题导向的结构表达——开篇提出甲方所关心的问题，然后引出行业内通行的做法是什么，这样做的好处和问题是什么，我们的做法是什么，这样做的好处和问题是什么，等等，然后得出结论。

第二种：正反对照的结构表达——开篇描述完甲方的问题后，直接告知我方的解决方案，并分享类似方案帮助同行业哪些客户获得了成功，而那些没有采取类似方案的客户最后遇到了什么问题，等等。

第三种：总—分—总的结构表达——开篇描述甲方所面临的问题，给出我方的解决方案，然后告知对方为什么要提出该方案，用来支撑方案的案例和数据有哪些，然后再重复你的观点。

要提醒提案者的是：无论采用了上述哪一种结构表达，都不要在提案内容准备过程中随意更改结构转换，要确保逻辑主线的清晰和完整，避免结构的杂乱无章，才能让评委更好地理解你的提案内容。

另外，在结构化表达中，提案者要特别留意：你所采取的事实、数据、案例是否与甲方所在的行业、面临的问题、期待的结果相关联。很多成功的提案报告证明，你所引用的事实、数据、案例，与评委所在企业面临的问题关联度越高，你的提案内容就越容易引起评委的关注。因此，关联化表达，也是提案者需要掌握的重要方法。

特点三：提案报告的内容可信

-

为了让提案报告通过，很多提案者煞费苦心，在表达形式上大费周折。但无论采取什么样的表达方式，提案者都需要把握一个底线：提案报告的内容可信。

是的，这是提案者的底线要求。为了让提案报告通过，在关键的地方夸张一下，往往是不少提案者的常用做法。但问题的关键在于：一旦评委在研读你的提案报告时发现问题，认为你某部分的内容表达不真实，有夸张的成分，那么，评委有理由相信，这份提案报告的其他部分也一定会有夸张的数据和案例。一处不真实，处处不真实，这岂不是给自己挖了一个大大的坑?

因此，确保提案报告的内容可信，是每一位提案者需要达到的基本要求。比如，重要的事实和数据，要有可信的出处;引用的案例，要以真实发生为准;支持或反对的观点，要有真实的论据来支撑;等等。有了可信的内容，才能取得评委基本的信任，这才是让提案通过的基础，这也提醒提案者不要存在侥幸心理。

现在，你对你的提案报告内容有信心了吧。

本章小结

1 **评委最反感的提案内容四大硬伤**

- 硬伤一：观点毫无新意
- 硬伤二：论据与观点毫无关系
- 硬伤三：结构杂乱无章
- 硬伤四：结尾平淡无奇

2 **优秀提案内容的三大特点**

- 特点一：提案报告的主题鲜明
- 特点二：提案报告的结构清晰
- 特点三：提案报告的内容可信

3 **在提案内容准备上，提案者要预防三大误区**

- 误区一：堆砌观点
- 误区二：面面俱到
- 误区三：自我提前

职场说话方法论——优秀提案者结尾部分的四大策略

| 策略一
总结归纳 | 策略二
留有悬念 |
| 策略三
分享感受 | 策略四
未尽事宜 |

职场说话工具包——如何构建观点与论据之间的强关联

1	用逻辑树等工具梳理观点和论据之间的关系
2	先提炼出相关论据的核心观点，再对应到先前的逻辑树提纲
3	形成完备的"观点—论据"内容体系后，进行模拟评审或自审

第 20 章

技高一筹

——提案高手胜出的三大心法

问题导读

1. 你眼中的提案高手有何与众不同之处?

2. 提案高手为何都能快速有效地解决问题?

3. 提案高手如何体现内容的专业性?

4. 哪些行为可以提升提案者的可信度?

5. 为什么以客户为导向的提案不等于讨好客户?

高手一出招，变化何其多。只不过，看似万千变化的背后，是高手们"万变不离其中"的内功心法。从技法到心法，从有形到无形，提案高手都有一套游刃有余的应对策略，从而化繁为简，让提案顺利通过。

提案高手的三大典型特征

在分享提案高手的心法之前，必须回答一个问题：谁才是客户或领导心目中的提案高手？通过无数次观察和访谈，从客户或领导的评委视角出发，我们发现了提案高手的三大典型特征。

特征一：始终如一的客户导向

-

无论面向客户还是领导，始终如一以客户为导向，是让提案者一路过关斩将的前提条件。当我们提到提案者的客户导向时，包括站在客户角度换位思考、保持对客户的敬畏感、在提案现场的随需而变等等。同时，我们还必须澄清几个认知。

认知一：客户导向 = 放弃专业立场？

完全错误。客户导向的关键在于洞察和了解客户需求，并非一定按照客户所期待的那样呈现方案。否则，客户或领导完全可以自己搞定，干嘛还需要借助乙方或下属的力量。

认知二：客户导向＝一味讨好客户？

完全错误。作为提案者，客户或领导对你有专业水准的要求，因此，在理解客户需求的基础上，展现你的专业实力是应该的。必要的时候，还要捍卫专业原则，而不是一味地讨好客户，这相当重要。

认知三：客户导向＝客户就是对的？

完全错误。在正式的提案内容还未呈现给客户之前，客户也未必能准确地告诉你他到底想要什么。因此，学会挖掘和翻译客户的需求，学会用专业视角和经验引导客户，也是成功提案者的必备素质。

特征二：专业务实的解决方案

-

内容是王道，也是决定提案水平的关键。因此，成功的提案者往往可以给客户或领导专业务实的解决方案。

专业务实的解决方案往往有三个标准。

标准一：方案的针对性。

优秀的提案必须基于客户或领导所关心的问题。因此，所谓方案的针对性，其实是围绕客户或领导的关切展开。如何理解客户的问题，如何挖掘内在的需求，如何界定问题的表象和本质，如何展现更具系统化的策略方法等，这些都是方案针对性的一部分。让客户或领导感觉到，你的提案就是为他的问题量身定制的，这就是方案针对性的最佳体现。

标准二：方案的预见性。

优秀的提案，不仅能回答客户或领导当下的问题，还能帮助他们看到潜在的问题和未来可能发生的问题。因此，在界定和解读客户或领导问题的时候，提案者如何在方案中展现预见性，以专业视角告诉客户或领导：这类问题是个案还是普遍现象，是暂时性解决方案还是机制性解决方案，这类问题还会引发什么问题，应建立什么样的预案等。从某种角度而言，方案的预见性，往往是评委研判提案者专业水平的重要尺度。

标准三：方案的灵活性。

优秀的提案，永远会为提案现场的各种变数保持灵活性。这是因为：在提案的准备阶段，无论提案者如何换位思考，都无法完全确定客户或领导的真实需求。因此，你的方案一定要有前提和假设，而这种假设未必就是客户或领导的真实想法。所以，在准备提案时，保持提案内容的灵活性，并能在提案现场根据客户或领导的需求变化进行延展，保持这种灵活性，会让你的提案竞争力大大提升。

特征三：充满魅力的人格影响

-

与前两个特征相比，这是提案内容之外的行为表现。对于那些成功的提案者看来，他们铭记这么一句话：如果对方不信任你，怎么可能信任你的提案？因此，经验丰富的提案者都懂得，一定要在提案过程中展现自己的可信度，这和提案内容的专业性一样重要。

在评委们看来，如果提案者具备以下行为表现，不仅能为提案者的可信度加分，还能为提案增色不少。

行为一：真诚表达。

无论是提案内容，还是在提案现场，评委们都非常看重提案者的真诚表达。这体现在很多细节上，比如：

任何提及的事实、数据、案例，都注明出处；

在展现方案优势的同时，不掩盖方案未能完全解决的问题；

对于未能识别和理解的问题或需求，能坦诚地向评委交代；

所讲述的案例或故事不夸大、不隐瞒；

对关键细节不含糊其辞。

行为二：绝不狡辩。

遇到来自客户或领导的问题和质疑，很多提案者的第一反应是为自己辩护，这本身无可非议。但优秀的提案者懂得辩护是为了提案内容、观点和论据、逻辑，而不是为了自己的面子。

一旦没有了实事求是的基础，完全为了面子而进行辩护，就很容易陷入狡辩的境地，这会让提案现场非常尴尬，也会让提案通过变得遥不可及。因此，提案者要告诉自己，不要为了所谓的面子狡辩，也不要在评委面前耍小聪明，把精力放到提案内容本身更靠谱。

行为三：积极担当。

提案中出现问题很正常。越是在遇到问题时，越能体现提案者的人格魅力。面对问题，是把责任推给评委——可以说是因为客户或领导的要求没讲清楚，还是把责任扛过来——承认自己没有完全理解客户或领导的需求，这在评委看来是完全不同的两种做法，也会影响评委对提案者的打分。

在评委看来，积极看待问题（而不是消极）、主动担当责任（而不是甩锅），才是一个优秀提案者所应具备的良好品质。如果提案者在提案现场就给评委们留下了一个不敢承担责任、对待问题消极被动、缺乏担当和创新思路的印象，那么评委们还怎么可能相信提案者的内容很专业、提案后的工作推进很到位？

提案高手的三大心法

具备这三大特征的提案者，往往都是客户或领导心目中的最佳人选。那么，这些提案高手到底采取了哪些内功心法，顺利达成提案通过的结果？接下来，给大家分享提案高手的三大心法。

心法一：筑牢可信度

-

通常而言，来自评委的可信度包括两个部分：一个是提案内容的可信度，一个是提案者的可信度。

如何筑牢提案内容的可信度？实践证明，以下提醒非常具有实战参考价值，能帮助提案内容提升可信度。

提醒一：结构框架逻辑严谨、观点论据前后一致，经得起评委的推敲。

提醒二：在阐明观点时，交代必要的前提假设和边界，便于评委研读理解，不搞突然袭击。

提醒三：绝不在错别字、排版、编辑、字体、段落等基本功方面犯低级错误，自检、他检、复检环节不可缺少。

提醒四：不要让花哨的布局和版式影响提案报告的内容、观点、解决方案的重点呈现。

提醒五：所有的事实、数据、案例、故事呈现，均要在提案内容中注明出处和背景。

提醒六：如果有以往成功的关联案例，特别是同行业、同问题、同需求的案例，要做重点介绍。

提醒七：如果能列出提案报告未能完全解决的问题清单，并交代缘由，提案内容的可信度会更高。

如何筑牢提案者的可信度？也有七大具体行为能帮助提案者提升可信度。

行为一：提案报告和现场的自我介绍，特别是与提案内容专业相关部分的详细介绍。

行为二：对于评委所提出的问题，知之为知之，不知为不知，不做拐弯抹角的掩饰和狡辩。

行为三：介绍以往相关成功案例时，不夸张、不绝对，以事实和数据为依据说明问题。

行为四：在提案现场的行为举止符合提案现场有关流程、标准和规则的相关要求，不挑战规则本身。

行为五：如果能介绍几个以往真实的失败案例，并向评委反馈失败之后的复盘和改进措施，可信度也会大大提升。

行为六：尊重评委的专业意见，在坚守专业标准的前提下，客观回应相关问题和质疑，绝不陷入对错本身的无理争辩。

行为七：在存在竞争对手的情况下，绝不抹黑对手，客观评价自己和对手的优势与劣势；恶意打击对手的行为最容易引发评委反感。

心法二：强化专业感

-

专业，才是评委买单的关键理由。把问题交给非专业人士，往往意味着不靠谱。因此，强化专业感，更容易打动评委，更容易让提案通过。

在前述内容中，我们提到提案内容与提案者如何体现专业感问题，在此不再一一赘述。这里的关键，恰恰是"强化"——通过有效的方式与方法，全程强化评委对提案者的专业感认知。专业感的认知越强，可信度越高，提案通过的可能性会更大。

该如何"强化"提案内容与提案者的专业感？这里有三个"必要"和三个技巧分享给大家。

三个"必要"指的是：第一，在提出观点之前，要有必要的假设与边界，这将避免出现观点泛化问题，减少不必要的解释和质疑；第二，在提出观点之后，要有必要的案例与见证。同时，案例和见证必须真实可信，必须要交代案例的相关背景，也要提炼出与当下提案的关联性；第三，在逻辑说服层面，要有必要的风险提示和相关预案，要告诉评委提案内容可能存在的风险是什么，相应的预案是什么，会采取哪些行动措施来减少或消除这些风险，等等。

强化专业感的三个技巧是什么？第一个技巧叫设问，即自问自答，意思是：不要等到评委提问的时候再回答，而是在评委提问前，通过自问自答的方式，先解决一部分评委心中的疑问。通常的做法，就是提案过程或结尾处的 Q&A 模式。通过设问的方式，一方面提前回应了评委的问题，另一方面还容易让提案者与评委同频共振，在专业层面找到交集。第二个技巧叫对比，这包括对比各家方案的优劣、对比方案实施前后的变化、对比之前不同客户所选方案的应用成果等。对比是最直观、最简单的强化策略，很多有关工业品的大客户销售提案，都会把诸如对比实验的结果作为提案内容的一部分。同时，通过对比的方式，还可以直击评委的痛点，进而强化评委对提案者的专业化认知。第三个技巧叫重复，在提案观点、论据、逻辑说服层面的重复，都有助于强化评委对提案者的专业化认知。每重复一次，都要让评委对提案内容的理解更进一步，因此，重复也是一种环环相扣、由浅入深的认知强化模式。

心法三：提升说服力

-

在筑牢可信度、强化专业感的同时，提案者还需要掌握的第三个心法是提升说服力。要想提升说服力，有三个"点"需要提案者特别重视：

第一，要直击痛点——不兜圈子、不绕弯子，提案者在开局阶段就要告诉评委：我的提案能帮助客户或领导解决什么问题、提供什么价值、有哪些独特优势等。

一般而言，真实发生的案例、行业里流传的故事、权威部门发布的事实和数据等，都可以用来说明痛点。数据、图片、图表，甚至还包括视频资料等，越能简单直接地击中痛点，提案的布局和呈现效果就越好，说服力就越强

第二，要亮明观点——提案的核心观点是什么，和其他对手的提案有何不同，支撑观点的论据是什么，采用了哪些创新的、独特的方式与方法等。越是亮明观点，越能让评委们明确你的核心优势，从而对你接下来的提案产生更大兴趣。

要注意的是：提案者需要在报告或提案现场的开局就亮明观点，不

要总是吊着评委的胃口，一直雪藏到最后才亮观点。千万不要高估评委的耐心，同时亮明观点时，提案者要言简意赅、简明扼要，观点越鲜明，评委的印象和认知就越明确。

第三，要聚焦重点——在提案时间有限、评委精力有限的情况下，如果你不能聚焦重点，总抑制不住内心的冲动，在提案现场介绍了很多内容，反而模糊了真正重要的内容，这会让你的提案力度降低。

提案者如何聚焦重点？首先，要学会精简提案内容，在准备提案内容大纲时，就要尽可能去掉那些与主题关联度不高的内容模块；其次，要通过报告的排版、格式与编辑突出重点，或者通过提案现场的表达顺序和时间分配凸显重点；最后，可以通过重复的方式，在不同模块的介绍中都提及那些重点内容，这也可以起到聚焦重点的作用。

直击痛点、亮明观点、聚焦重点，三点齐发，就能有效提升说服力，助力提案者进入高手状态。

本章小结

··

1 **提案高手的三大典型特征**

- 特征一：始终如一的客户导向
- 特征二：专业务实的解决方案
- 特征三：充满魅力的人格影响

2 **提案中，如何体现解决方案的"专业务实"**

- 标准一：方案的针对性
- 标准二：方案的预见性
- 标准三：方案的灵活性

3 **提案现场，如何体现提案者的人格影响力**

- 行为一：真诚表达
- 行为二：绝不狡辩
- 行为三：积极担当

职场说话方法论——提案高手的三大心法

心法一
筑牢可信度

心法二
强化专业感

心法三
提升说服力

职场说话工具包——提案者如何提升说服力

1	要直击痛点——不兜圈子、不绕弯子
2	要亮明观点——提案的核心观点是什么
3	要聚焦重点——始终围绕提案重点展开